Merch o'r Wlad

Atgofion drwy Ganeuon

DOREEN LEWIS

Gol: Lyn Ebenezer

Gwasg Carreg Gwalch

Argraffiad cyntaf: 2018
Hawlfraint Doreen Lewis/Gwasg Carreg Gwalch

Rhif Llyfr Safonol Rhyngwladol:
978-1-84527-569-3

Cyhoeddwyd gyda chymorth Cyngor Llyfrau Cymru

Dylunio'r clawr Cymraeg: Eleri Owen
Llun y clawr: Naomi Campbell
Coluro a gwallt: Meinir Jones Lewis

Cyhoeddwyd gan Wasg Carreg Gwalch,
12 Iard yr Orsaf, Llanrwst, Dyffryn Conwy, Cymru LL26 0EH.
Ffôn: 01492 642031
e-bost: llyfrau@carreg-gwalch.cymru

Cyflwynedig i
Hedd, Gwenno, Guto, Aron a Sara.
'Does gen i ddim aur ...'

The way I see it, if you want the rainbow,
you gotta put up with the rain.

Dolly Parton

Diolchiadau

Diolch i Nhad a Mam am gariad a chefnogeth ac i'm chwaer Joyce a'i theulu am fod yno imi bob amser. I John am gydgerdded law yn llaw bob cam o'r daith. I'r plant, Gwyndaf a Caryl a'u teuluoedd, am ysbrydolieth a chymaint o hapusrwydd.

I'r cwmnïau recordio, y cyfryngau, cynhyrchwyr ac offerynwyr am eu holl ddoniau. I'm cydartistiaid am yr hwyl a'r mwynhad pur yn eu cwmni dros y blynyddau. Diolch i chi'r gynulleidfa sydd wedi fy nghefnogi a chymryd yr amser i wrando ar fy ngân. I Lyn, am ei amynedd a'i hiwmor.

Diolch o galon i bob un ohonoch.

Cynnwys

Preliwd

Dwi ddim yn gwybod pryd yn union mae llais yn dechrau. Ond i mi, mae'n un o ryfeddodau'r byd bod ganddon ni i gyd lais gwahanol; llais unigryw sydd mor bersonol inni ag olion ein bysedd. A chyn inni hyd yn oed ddysgu siarad, mae ganddon ni ryw ysfa i ganu. Edrychwch ar wyneb y babi lleiaf wrth ichi ganu iddo. Y wên o adnabyddiaeth yn lledu yn araf. Ac wrth wylio'r wyron yn dechrau parablu, mae'n glir fod canu a chaneuon yn naturiol ac yn haws iddynt bron na geiriau. A does neb yn siŵr iawn pam yn union y'n ni'n canu chwaith. Y'n ni'n canu mewn llawenydd ac mewn tristwch; y'n ni'n canu mewn addoldai ac mewn gemau pêl-droed. Mae canu yn ein galluogi i gyfathrebu mwy na geiriau ac i glosio at ein gilydd. Mae canu yn dod â'r pethau dirgel yn ein calonnau i'r wyneb ac yn gadael i eraill eu gweld.

Roedd yr ysfa i ganu ynddo i erioed. Yr un mor naturiol ag anadlu. Rown i'n medru dysgu geiriau'n rhwydd, codi tôn yn gyflym. Dwi'n cofio mynd i gapel Tyngwndwn ger Felin-fach yn rhyw bedair oed a chael canu ar fy mhen fy hun. Dwi'n meddwl mai 'Iesu Tirion' oedd yr emyn, ac wrth imi daflu fy llais bach i'r gofod enfawr, fe sylweddolais fod y sain yn atseinio oddi ar y waliau ac yn llenwi'r lle. Dwi'n cofio meddwl bryd hynny pa mor hudol oedd llais, a faint o bleser oedd i'w gael wrth deimlo'r gymysgedd o emosiynau yn corddi yn eich bola cyn taflu eich llais allan i'r byd.

Yn fuan ar ôl darganfod fy hoffter o ganu, fe ddaeth yr hoffter o roi geiriau at ei gilydd, o ddal teimlad mewn tôn.

Erbyn fy mod yn bymtheg oed, roeddwn yn cyfansoddi caneuon, yn eu hysgrifennu ar gefn hen amlenni neu ryw sgrapiau o bapur yn y fan hyn a'r fan draw, nes fy mod wedi eu dysgu ar fy nghof. A byth ers hynny, rwy wedi bod yn ddiolchgar am y gallu i wneud hynny. Mae wedi bod yn bleser, yn falm, yn arf ac yn gwmni. Rwy'n cysidro fy hun yn lwcus iawn o fod wedi cael cerdded llwybrau'r byd gyda llond fy mhen o ganeuon a'r geiriau a'r tonau yn cynnig llond byd o bosibiliadau.

Pytiog yw caneuon o'u hanfod, ac oherwydd hynny, pytiog yw'r hanes yn y gyfrol hon. Hanes caneuon. Hanes cyfnod. Hanes rhywun sy'n ddiolchgar am gael y cyfle i ddefnyddio ei llais.

Rhowch i Mi Ganu Gwlad

Cytgan:

O rhowch imi ganu gwlad, fel yr hen rai o gylch y tân,
O rhowch imi ganu gwlad, mwynhad i bawb o fawr i fân.

Gynt yn chwarae ger yr afon, hel penbyliaid mewn pot jam
Plethu brwyn a rhedeg adre, gael eu dangos nhw i Mam
Chwythu pen hen ddant y llew er mwyn canfod amser te
Taflu cerrig groes y llyn, cyfri'r neidie un i ddeg.

Cytgan

Rowlio lawr y bryncyn llethrog,
teimlo'r glaswellt tan fy nhraed,
Hel briallu, chwilio nythod, cyffro'r gwanwyn yn fy ngwaed
Gweld prydferthwch cae o wenith dan ei do o awyr las,
Ambell babi coch yn britho aur y gwenith gloyw bras.

Cytgan:

O rhowch imi ganu gwlad, fel yr hen rai o gylch y tân,
O rhowch imi ganu gwlad, mwynhad i bawb o fawr i fân.

Joyce fy chwaer a finne

Roedd Mam yn un a gredai'n gryf mai magu plant oedd gwaith rhieni, nid eu 'codi', fel mae'r Sais yn ei wneud. Credai hi fod dal plentyn yn bwysig, a bod yno iddyn nhw bob dydd. Dwi ddim yn cofio imi ddod yn ôl o'r ysgol un waith pan nad oedd Mam yno yn aros amdanaf er mwyn gofyn imi beth own i wedi bod yn ei wneud. Yr aelwyd oedd fferm Blaenplwyf yn Abermeurig yn ne Sir Aberteifi, lle cefais fy magu am wyth mlynedd yn unig blentyn cyn i fy chwaer fach Joyce gyrraedd. Fferm gymysg oedd hi, a llinell drên yn rhedeg yn un rhibyn ar hyd ei gwaelod. Cynigiodd Mam a Nhad, Mair a Stanley, gartref diogel a chefnogol, a rhan annatod o'r fagwraeth honno oedd y rhyddid i gael chwarae y tu allan.

Efallai fod geiriau 'Rhowch imi Ganu Gwlad' yn swnio'n sentimental heddiw, ond dyna oedd ein bywyd bob dydd ym Mlaenplwyf. Roedd troad y tymhorau yn dod ag anturiaethau newydd o hyd; chwilio am y lili wen fach gyntaf, y penbyliaid cyntaf. Cerdded ar hyd yr hen reilffordd yn chwilio am syfi cochion, ac fe fyddai gan y fferm ei rhythm naturiol ei hun hefyd. Y ceiliog yn canu, y parlwr godro yn canu grwndi, ac yn fwy na hyn i gyd, ac un o'r synau mwyaf cysurlon i mi, sŵn sgidiau gwaith fy nhad yn clecian ar glos y ffarm. Erbyn heddiw, wrth gwrs, mae yna bob math o astudiaethau yn sôn am ba mor bwysig ydyw hi i blant dreulio amser y tu allan. Ond bryd hynny, dyna oedd yn naturiol i'w wneud. Dwi'n credu'n gryf fod plant sy'n cael eu magu y tu allan yn datblygu dychymyg byw, yn medru creu gemau heb deganau ac yn dysgu sylwi ar y manylion lleiaf.

Yn blentyn doedd dim prinder mannau chwarae. Fedra'i ddim cofio i fi erioed orfod meddwl be wnawn i o ddydd i ddydd. Fy hoff fannau chwarae oedd o gwmpas y llyn, a oedd mewn hen fawnog. Yno fyddwn i'n casglu penbyliaid mewn potiau jam. Sildod wedyn, gelod a chwilod o bob math. Fe fyddai'r rhain wrth gwrs yn cael help i ddianc dros y nos, a Mam mae'n siŵr yn eu hebrwng yn ôl i ddiogelwch eu cynefin. Roedd yna goedwig fach hefyd y tu ôl i'r beudy draw ac yno fe fyddwn yn treulio oriau – yn enwedig amser sanau'r gwcw. Fe fyddwn i hefyd yn casglu clai o waelod y llyn, yn siapio llestri ac anifeiliaid allan ohono ac yna'u gosod yn y ffwrn yn y gegin i grasu a chaledu. Byddai hynny'n aml yn gwylltio Mam pan fyddai am ddefnyddio'r ffwrn i grasu bara neu gacennau. A byddai hynny'n orchwyl cyffredin iawn iddi. Fyddai ei dwylo hi byth yn segur.

Fel un a oedd yn unig blentyn am wyth mlynedd cyntaf fy mywyd, ro'n i'n gorfod bod yn ddyfeisgar. Doedd gen i ddim na brawd na chwaer i siario syniadau a chyfrinachau. Ac am gyfnod, yn fy mhlentyndod, roedd gen i obsesiwn am ddawnsio a dawnswyr bale. Fe weles i lun yn rhywle o falerina mewn twtw werdd ar flaen ei thraed, a dwi'n cofio meddwl mai dyna'r peth hardda a welais i erioed. Fe fyddwn i'n mynd ati i greu ffrogiau bale allan o hen fagiau gwag fu'n dal bwyd yr ieir neu'r gwartheg. Mewn cwdyn cêc fe fyddai haenau o bapur trwchus. Fe fyddwn i'n agor y cwdyn allan, yn gwahanu'r haenau ac yn torri ac yn plygu er mwyn creu bodis. Plygu'r sgert yn gonsertina oedd yr orchwyl nesaf cyn defnyddio'r cortyn a oedd yn cau top y sach i wnïo'r bodis at y twtw. Nodwydd gwnïo'r ffowls fyddwn i'n ei ddefnyddio gan fod gan honno lygad digon mawr i dderbyn y cortyn trwchus. A dyna fyddai fy ffrog balerina! Fyddwn i'n ei gwisgo hi wedyn i ddawnsio ar hyd y clos er fy mod yn gwisgo welingtons gyda hi!

Dwi'n cofio fy nhad wedyn yn codi sied *pre-fab* oedd wedi dod o gamp y sowldiwrs Americanaidd yn Cilfforch adeg yr Ail Ryfel Byd. Roedd gan y sied baneli gwyn glân mewn fframiau. Y tu mewn roedd y parwydydd hyn i fi yn cyfateb i'r bwrdd du oedd yn yr ysgol. Roedden nhw'n ddelfrydol i blentyn fel fi ar gyfer tynnu lluniau â phensiliau *crayon* a sialc o bob lliw. A thestun pob llun, wrth gwrs, fyddai balerinas neu flodau. Roedd pob panel wedi ei lenwi â lluniau ac wedi ei addurno â phatrymau pert.

Yn fuan iawn yn fy magwraeth, fe ddysgais straeon diddorol am hanes Blaenplwyf ei hun. Dysgais fod sŵn traed rhywrai eraill yn atseinio yno hefyd. Blaenplwyf oedd cartref y bardd Cerngoch, neu John Jenkins (1820-1894). Cerngoch oedd prif fardd Dyffryn Aeron, ac roedd yma nythaid o feirdd. Casglwyd ei waith gan ei nai, Dan Jenkins, Pentrefelin. Bardd gwlad oedd Cerngoch ac ymhlith ei waith mae rhai cerddi sy'n cyfeirio at Flaenplwyf. Cyfansoddodd ddwy gerdd hela a ystyrir ymhlith y goreuon o'u bath.

Yn y Pandy yng Nghiliau Aeron yr oedd fy rhieni yn byw am ddwy flynedd cyn symud i Flaenplwyf. Merch Ffos y Bontbren yn Ffos-y-ffin oedd Mam, a Nhad yn un o deulu ffarm Lanlas, Llanerchaeron. Fe briododd y ddau yn 1946, yn Eglwys Santes Non, Henfynyw, flwyddyn cyn yr eira mawr. Mae'n debyg mai dyna'r storm eira fwyaf a welwyd erioed yn y cylchoedd hyn. Wrth lwc, ni oerodd y storom eu cariad at ei gilydd.

Pan gwympodd yr eira mawr, a phob heol a phob lôn wedi ei thagu, mae'n ddiddorol mai'r flaenoriaeth gyntaf ar ôl clirio'r lonydd fferm oedd clirio llwybr yr Eglwys. Roedd mam fy nhad yn grefyddol iawn, ac Eglwys Santes Non Llanerchaeron yn agos iawn at ei chalon, ac oherwydd hynny, fe fu fy nhad, John Bont, Dan Bronfre, Jos Parcmawr ac Alun a llu o fechgyn eraill yn rhofio am orie heb JCB na dim i'w helpu er mwyn cael llwybr clir i'r ffyddlon. Un tro roedden nhw wedi prynu poteli o gwrw er mwyn torri eu syched. Ond dyma'r ficer yn cyrraedd, a'r bois yn gorfod cuddio'r poteli yn y lluwche.

Prynodd fy nhad Flaenplwyf am £2,000, oedd yn weithred anarferol iawn bryd hynny. Rhentu tyddyn fyddai'r mwyafrif o ffarmwyr y fro yn y cyfnod hwnnw gan ddod yn denantiaid i ddeiliaid tai mawr yr ardal. Roedd Dilys ei chwaer a'i gŵr Edgar yn byw ar fferm Gilerwisg, fferm gyfagos bryd hynny.

Do, fe ddangosodd fy nhad ryw awydd i fentro, i drio; rhinwedd a fuodd yn rhan o'i gymeriad tra buodd e. Ddwy flynedd yn ddiweddarach, prynodd fy nhad dractor newydd sbon, David Brown Cropmaster, a hwnnw'n costio tua chwarter gwerth y fferm gyfan. Fe gostiodd y tractor £468 ac mae'r dderbynneb gen i o hyd. Wn i ddim sut lwyddodd e i wneud hynny mewn dyddiau main iawn. Roedd i'r tractor newydd hwn ddwy sêt, ac fe olygai hynny y cawn i fynd gydag e wedyn wrth iddo gyflawni gwahanol ddyletswyddau'r ffarm. Fe roeddwn i'n dipyn o 'tomboi', yn mwynhau bod allan yng nghanol y baw a'r llaca, ac er na ddwedodd e ddim byd erioed, dwi'n meddwl mai fi oedd y peth agosaf a gafodd at fab. Ond diolchaf am hynny erbyn hyn, am fod gen i atgofion cynnes iawn o oriau wedi eu treulio yn ei gwmni. Mae'r hen dractor gen i o hyd, ac er ei fod yn segur yn y sied, mae hi'n fwriad gennyf i'w adnewyddu ryw ddiwrnod yn deyrnged iddo ef.

Os oedd fy nhad yn ddyn peiriannau, da byw oedd pethau fy mam: y defaid, y twrcwns adeg y Nadolig, y cŵn a'r ieir. Roeddwn yn cadw nifer fawr o ieir ar un adeg a gwaith fy chwaer a minnau oedd golchi'r wyau er mwyn cael eu gwerthu i D T Lloyd, Llangybi. Roedd hwnnw yn gymeriad ffraeth iawn ac fe fyddai yna alw mawr amdano fel arweinydd mewn cyngherddau ledled y sir a thu hwnt. Fedra'i ddim mo'i gofio heb iddo fod â gwên lydan ar draws ei wyneb. Byddai'n waith caled glanhau'r wyau cyn mynd â nhw at Lloyd. Mae hi'n anodd credu erbyn heddiw, ond fe fyddwn i'n defnyddio powdwr sgwrio Vim ar gyfer y gwaith hwnnw! Byddai gofyn rhwbio, ond ddim yn rhy galed rhag cracio'r plisgyn. Fe fydden ni'n mynd â llond bocs neu ddau o'r wyau draw at Lloyd yn wythnosol. Byddai hynny'n golygu weithiau gymaint â deg llond trei gyda dau ddwsin a hanner o wyau ym mhob trei.

Câi'r ieir eu trin fel breninesau. Bob tro y byddai sêl gelfi yn yr ardal byddai Nhad yn siŵr o fynd yno gan ddod adre â sgiw neu ddwy. Fe dalai ryw ddeuswllt neu hanner coron amdanyn nhw a dod â nhw adref, nid ar gyfer y tŷ, ond ar gyfer yr ieir! Yn y gwasarn neu'r 'deep litter' yn y sied fe fyddai'n gosod y sgiwiau hyn gan dorri twll ym mhob talcen fel y gallai'r ieir fynd i mewn ac allan fel y mynnent. Wedyn fe fyddai'n gosod gwellt yn y cistiau i gadw'r adar yn ddiddos. Fe fyddai'r ieir wedyn yn dodwy yn y cistiau hynny ac yn defnyddio cefnau'r sgiwiau fel mannau clwydo delfrydol. Yna, o godi cloriau seddi'r sgiwiau, gorchwyl hawdd fyddai casglu'r wyau. Roedd yna siŵr o fod gymaint â deg o'r sgiwiau hyn yn y sied. Mae fy mochau i'n llosgi erbyn heddiw wrth feddwl am faint o werth arian o sgiwiau gafodd eu haberthu ar gyfer ieir Blaenplwyf!

Fel pob fferm arall bryd hynny, fe fu gyda ni fwy nag un gwas ym Mlaenplwyf. Mynd a dod fydden nhw fynycha, yn gweithio am flwyddyn neu ddwy ac yna symud ymlaen, ond mae gen i gof da am un yn arbennig, sef John Bont.

Fe wnâi John fy ngwthio o gwmpas lawer gwaith pan o'n i'n fabi. A phan fydde fe a Nhad a Mam yn combeino, fe fyddai'n fy ngwthio yn y pram i'r cae ac yna'n fy ngadael wrth ochr y barlys tra byddai pawb yn brysur wrth eu gwaith. Fyddwn i'n cael eistedd yn y beudy hefyd amser godro yn goruchwylio gwaith pawb!

Adeg gaeaf 1963 fe rewodd y llyn; y tro cyntaf a'r tro olaf fedra'i gofio i hynny ddigwydd gan fy mod yn rhy ifanc i gofio gaeaf 1947. Rwy'n cofio Nhad yn cerdded allan i'w ganol yn cario gordd ar ei ysgwydd. Edrychai'n debyg i'r dyn cyhyrog hwnnw oedd yn cyhoeddi ffilmiau J. Arthur Rank drwy fwrw gong enfawr â gordd. Dyma fe'n codi'r ordd dros ei ysgwydd a bwrw wyneb rhewllyd y llyn dro ar ôl tro â'r ordd nes oedd darnau mân o rew yn tasgu'n ôl i'w wyneb ac i bobman fel cawod o gesair. Wnaeth y rhew ddim hyd yn oed gracio ac fe wyddai Nhad wedyn fod wyneb y llyn yn ddigon gwydn i gynnal fy mhwysau innau a Joyce. A dyma fe'n caniatáu i ni fynd arno i sglefrian. A dyna i chi nefoedd!

Y Gwely Plu

Mae 'na lawer o bethau a gofiaf fi
Am gymeriad llon a hael fy mam-gu,
Mi ddysgais ganddi sut i wnïo clwt,
Sut i gyweirio hosan yn deidi a thwt.

Cytgan:

Ond o-o, ei gwely plu,
Dyna'r man mwya' esmwyth welais i,
Roedd yn rhaid noswylio'n gynnar iawn
A chysgu drwy'r nos ar y ticyn llawn,
A chysgu drwy'r nos ar y ticyn llawn.

Mas yn yr ardd 'mysg y mint a'r teim,
Tan y goeden 'fale pan fo'r tywydd yn ffein,
Ar noson oer o flaen y tân
Cefais lawer stori am yr oes o'r bla'n.

Cytgan

Cefais bwdin reis a bara te
A mecryll gloyw o ddyfrodd y cei,
A chyda'r nos, llenwi'r botel bridd
Cyn dweud 'Nos Da' yn y bwthyn clyd.

Cytgan:

Ond o-o, ei gwely plu,
Dyna'r man mwya' esmwyth welais i,
Roedd yn rhaid noswylio'n gynnar iawn
A chysgu drwy'r nos ar y ticyn llawn,
A chysgu drwy'r nos ar y ticyn llawn.

Y ddwy fam-gu, sef Mam-gu Cottage a Mam-gu Swell

Dwi ddim yn cofio fy nau dad-cu David Evans ac Evan Davies o gwbwl, gan iddynt farw yn ifanc iawn, felly dwy fam-gu oedd gen i. Fe dderbyniais ddol tsieina gan Evan Davies pan own yn fabi ac mae honno gen i yn rhywle o hyd. Roedd Mary, mam fy nhad, a oedd dipyn yn hŷn na mam fy mam, yn byw yn Aeron Cottage ar y ffordd i mewn i Aberaeron, a Lizzie, mam fy mam, yn byw mewn bwthyn yn Ffos-y-ffin, a elwid yn David's Well – Mam-gu Swell oedd hi i mi wedyn. Roedd y ddwy mor wahanol ag y gallai dwy fenyw fod, o ran pryd a gwedd ac o ran cymeriad. Roedd gan Lizzie lond bag o ryfeddodau bob tro y byddai hi'n dod i ymweld. Melysion, rhywbeth wedi ei wau, rhyw lysiau roedd hi wedi eu tyfu yn yr ardd gartref. Roedd hi'n arbennig o hoff o ddahlias pompom cochion, ac fe fyddai rheini yn bobio yn ei bag pan fyddai hi'n dod â thusw draw. Roedd Mary yn wahanol gymeriad yn gyfan gwbl. Er y byddai hi'n hoff o'r ardd hefyd, fyddai dim maldod na ffỳs yn perthyn iddi. Fyddai hi'n estyn pisin deuswllt neu hyd yn oed hanner coron imi pan fyddai hi'n ymweld ond yn mynnu cael gweld fy mod yn ei roi yn y cadw-mi-gei cyn iddi adael, rhag imi ei wario ar oferion!

Dwi'n cofio'r bocs NatWest (National Provincial) hwnnw siâp llyfr a minnau'n gorfod gwthio'r darnau arian i mewn i'w ddannedd cyn iddynt gael eu llyncu. Os byddwn yn cael papur degswllt neu bapur punt, fe fyddwn yn gorfod ei rowlio i fyny fel sigarét a'i wthio i dwll bach yng nghornel y bocs. Pan fyddai'r bocs yn llawn, fe fyddwn yn gorfod mynd ag ef dan fy nghesail i Aberaeron i'r banc er mwyn ei agor. Ond fyddai'r *cashier* yn gadael hen ffyrling â llun dryw arno ynddo bob tro am lwc. Doedd fiw i neb fynd adre â bocs arian gwag – er bod y darn arian hwnnw yn hen beth na fyddai'n dda i ddim i neb!

Roedd gan Mam-gu Swell wely plu, ac yn hwnnw y byddwn yn cysgu pan fyddwn yn mynd yno i aros. Roedd yn rhaid ysgwyd y gwely bob dydd neu fe fyddai'r plu yn dianc i gorneli'r matras o hyd a rhyw bant mawr yn ymddangos yn ei ganol. Roedd e'n fynydd o beth, a rhyw dicin streipiog ar ei hyd, a phot siambar oddi tano! Doedd 'na ddim tŷ bach yn y tŷ, dim ond yn yr ardd. Bob bore fe fyddai hi'n berwi'r tegyl imi gael golchi mewn padell enamel gyda sebon coch *Lifebuoy*. Roedd yna ryw gynhesrwydd yn perthyn i'r lle, rhyw deimlad o fod yn gwbwl ddiogel yn nhŷ Mam-gu. Dwi'n cofio aros gyda hi am wythnosau pan own i'n dechrau yn Ysgol Gyfun Aberaeron tra bod Mam yn dioddef o ryw waeledd. Roedd gen i wallt cyrliog hir bryd hynny, ond fe aeth ei daclo bob bore yn drech na Mam-gu. Fyddai hi'n ffaelu'n deg â thynnu'r grib drwyddo fe, felly fe'i torrodd yn y bôn.

Weithiau, os byddwn i wedi bod yn ferch dda iawn, fe fyddai hi'n mynd â fi yn groes yr heol i siop Dewi Villa i gael pop Corona. Roeddech yn cael arian yn ôl am ddychwelyd y botel i'r siop ac fe fyddwn wrth fy modd yn cael diod oren pefriog neu fy ffefryn, *Dandelion and Burdock*. Roedd hynny yn drît arbennig a minnau'n meddwl ei fod yn rhywbeth rhyfedd. Fe fyddai hi hefyd yn gwau siwmperi ysgol imi. Dwi'm yn meddwl y bu'n rhaid inni brynu siwmper erioed. A phan ddaethai yn amser eisteddfod ysgol yn y gwanwyn, hi fyddai'n gwnïo rosettes o rubanau yn lliw fy nhŷ ysgol er mwyn imi gael eu gwisgo ar fy mrest tra'n canu.

Fe fu menywod yn rhan bwysig iawn o fy magwraeth. A dwi'n dal rhyw dristwch o hyd ynglŷn â'r cam gawson nhw yn gyffredinol yn eu cyfnod hwy. Gofalu oedd eu gorchwyl. Doedd dim addysg yn cael ei gynnig i ferched – dim ar ôl rhyw beder ar ddeg beth bynnag. Er bod eu gwaith yn cael ei werthfawrogi o fewn y cartref, doedd ganddyn nhw ddim llawer o bŵer y tu allan yn y byd mawr. Roedd Mam yn hoff iawn o ddarllen. Roedd ganddi ddychymyg byw ond chafodd hi mo'r cyfle. Roedd fy nwy fam-gu yn alluog iawn. Ond eto, cyfyng iawn oedd eu dewisiadau. Dwi'n meddwl amdanaf fy hun, a'r rhyddid cymharol gefais innau, y gallu i ennill incwm fy hun, ac yna dwi'n edrych ar fy merch innau, Caryl, yn cael mwy o ryddid fyth. Y'n ni'n dwy wedi cael y cyfle i ddefnyddio'n lleisiau, yn wahanol iawn i'r genhedlaeth gynt. A thrwy ysgrifennu am eu byd nhw, y'n ni'n dwy yn gobeithio nad ân' nhw'n angof. Edrychaf ymlaen at weld sut y daw Gwenno a Sara, fy nwy wyres, ymlaen yn y dyfodol.

Sgidiau Gwaith fy Nhad

Rwy'n cofio clywed sŵn yr hoelion dur yn taro
Wrth groesi'r clos fore a nos, yn cario'r bwced godro
Roedd fy nhad ar lawr bron cyn y wawr
A'i sgidie'n dynn amdano.

Cytgan:

Sgidie gwaith, sgidie gwaith
Sgidie gwaith fy nhad
Doedd sŵn mwy cysurus yn yr holl wlad
Na sgidie gwaith fy nhad.

Roedd llawer tasg i'w wneud, a finne eisie helpu
Roedd yn beryg gwaed mynd o dan ei draed
ar yr adege hynny
Ond dilyn wnawn gan wybod yn iawn
ei fod yn hoff o nghwmni.

Pe bai yn dywydd garw roedd y gwaith yn dal i alw
Yn y pwdel mawr suddai'r sgidie lawr
bron dros dop eu gyddfau
Ond ymlaen yr â, aea neu ha'
I gynnal Mam a ninnau.

Da'r nos fe'u gwelir hwy, yn segur a llac eu garre
Yn ymyl y tân yn gynnes eu gra'n
– a Nhad yn ei draed a'i sane.
Orie gwaith yn hir pan yn trin y tir
Heb fawr o orie hamdden.

Fy nhad a finne

Roedd yna ddau feudy ym Mlaenplwyf, un ar bob ochr i'r clos, sef Beudy Draw a Beudy Mawr, a'r tŷ cwler ar ochr y Beudy Mawr. A'r cof cynharaf sydd gen i yw clywed sŵn sgidiau hoelion fy nhad ar y concrid a'r cerrig wrth iddo fe gerdded o un beudy i'r llall yn cario'r bwced llaeth i'r tŷ cwler. Y cof yna roddodd fod i'r gân 'Sgidie Gwaith fy Nhad'. Dwi'm yn cofio gweld fy nhad mewn welingtons erioed! Fe fyddai'n gwisgo esgidiau hoelion a'r garrai'n dynn am ei bigyrnau. Roedd clecian y sgidiau ar gerrig y clos mor naturiol â rhythm fy nghalon. Ac er bod fy nhad yn ei fedd ers blynyddoedd erbyn hyn, mae sŵn ei esgidiau yn dal yn atseinio yn fy mhen, fel carreg ateb fy magwraeth.

Yn ferch ifanc ym Mlaenplwyf fe fyddwn i'n rhoi help

llaw gyda'r godro. Doedd dim galw mawr arna i wedyn ar gyfer hynny gan fod fy nhad wedi adeiladu peiriant godro ei hunan. Er hynny, fe wnaeth e fy nysgu i odro â llaw pan o'n i'n dal yn ifanc iawn.

Câi'r llaeth ei gasglu o dop y lôn ac mae'r stand laeth yno o hyd. Fe fyddai'n rhaid mynd â'r *churns* i fyny bob bore ac ysgrifennu ticedi a manylion yr ordrad a'u clymu i'w clustiau metel. Roedd y ffatri laeth, a agorodd fis ar ôl imi gael fy ngeni, yn casglu llaeth o dros 2,000 o ffermydd lleol ac yn cyflogi degau. Roedd yna res o dai i'r gweithwyr ar bwys y ffatri. Ac i'r fan honno, at Jennifer a'i theulu, y byddwn i'n mynd i aros pan fyddai'r dawnsfeydd ymlaen yn neuadd Felin-fach pan own i yn fy arddegau.

Roedd fy nhad yn gryn ddyfeisiwr. Fe fyddwn i'n blentyn yn edrych arno fel un o'r dyfeiswyr gwallgof hynny y byddwn i'n darllen amdanyn nhw mewn comics a llyfrau plant. Fe fyddai'n gweithio ar ryw ddyfais byth a hefyd, yn aml pan fyddai hi wedi nosi a'r gwaith beunyddiol ar ben. Ymhlith ei ddyfeisiadau roedd peiriant codi bêls. Ac ymhell cyn bod sôn am ynni adnewyddol drwy rym y gwynt roedd e wedi codi rhod wynt ar gyfer cynhyrchu trydan i'r ffarm. Dyfeisiodd beiriant i godi bêls bach, sychwr llafur, trailers wedi eu haddasu, peiriant gwneud blociau simént, clwydi a nifer o bethau alla'i ddim eu cofio mwyach. Fe gododd fainc lifio fel na fydde angen arno byth wedyn i brynu pyst neu glwydi. A chai'r cymdogion dragwyddol ryddid i wneud defnydd o'r fainc.

Roedd Nhad yn arloeswr. Fe fydda i'n meddwl yn aml pa mor bell fyddai e wedi mynd petai e wedi cael y cyfle a'r adnoddau iawn. Yn wir, petai e wedi cael addysg bellach mewn technoleg fe fyddai, rwy'n siŵr, wedi gwneud enw iddo'i hunan. Ond allan yn y sied fydde fe yn gweithio ar rywbeth mecanyddol bob awr sbâr gyda nytiau a bolltau o'i gwmpas. Fe fyddai'n trwsio pob peiriant ei hunan ac roedd yn weldiwr heb ei ail. Mae llawer o ddyfeisgarwch Nhad yn Gwyndaf. Mae yntau wedi adeiladu sawl peiriant at waith y fferm. Ac mae yntau hefyd yn weldiwr da.

Roedd Nhad yn ffoli ar gerbydau o bob math, a motobeics yn arbennig. Fe fyddai, er enghraifft, yn mynd yn rheolaidd i'r Rasys TT ar Ynys Manaw. Fe fydde fe yn casglu hen geir hefyd a finne wedyn wrth fy modd yn chwarae ynddyn nhw. Er mai ffarmwr oedd e, peiriannau oedd ei fyd ac fe fyddai'n trwsio ac yn addasu'r hen geir yma er mwyn creu cerbydau jalopi. Fe fyddai'n mynd â nhw wedyn er mwyn eu rasio o gwmpas caeau'r fro!

Roedd Dai, brawd hyna'n nhad yn cadw Garej Gwrthwynt yn Aberaeron erbyn hyn. Roedd yntau hefyd â'i fryd ar fecanics. Bu Lyn ei fab a'i deulu wrthi hefyd am flynyddoedd ar ôl marwolaeth ei dad.

Pan ymddangosai unrhyw ddyfais newydd fe fydde Nhad ar ei thrywydd. Un peth sy'n sefyll allan o ddyddiau plentyndod yw mai ni gafodd y set deledu gyntaf yn y fro. Byddai pobl leol yn tyrru i Flaenplwyf i wylio'r ddyfais wyrthiol yng nghornel y stafell fyw. Yn aml byddai'r llun yn diflannu ond roedd gan fy nhad ryw system ryfedd ar gyfer adfer y llun. Ynghlwm wrth yr erial, roedd ganddo fe ddarn hir o gortyn. O dynnu ar hwnnw byddai'n medru symud yr erial gan addasu'r llun – y gloywder neu'r sain, neu'r ddau – yn ôl y galw.

Du a gwyn oedd pob set bryd hynny, wrth gwrs. Hynny yw, pan fyddai yno lun o gwbl. Yn aml byddai'r sgrin yn ymddangos fel petai'n darlunio storm o eira. Pan fyddai gornest focsio neu Gwpan yr FA yn cael ei dangos byddai'r stafell yn orlawn. Roedd hyd yn oed y Sarjiant o'r Felin-fach yn gwneud yn siŵr na fyddai ar ddyletswydd er mwyn bod yno. Felly, pan fyddai ffeit ar y teledu, fe fyddai honno'n noson dda i rywun fynd allan i dorri'r gyfraith. A phob tro y byddai llond y stafell wedi ymgynnull i wylio'r teledu, fe fyddwn i, ar ddiwedd y rhaglen, yn sefyll ar ben stôl ac yn canu.

Fyddai dim gwaith ar ddydd Sul ar wahân i gywain gwair. Mae yna hen stori am ffarmwr sy'n penderfynu cywain ar y Sul a pheidio mynd i'r cwrdd a'r ficer yn dweud wrtho y dydd Sul canlynol ei fod wedi ei weld yn y cae y dydd Sul cynt. A dyma'r ffarmwr bach yn dweud, 'Wel, meddwl own i y bydde hi'n well imi fod yn y cae gwair yn meddwl am Dduw, na bod yn yr Eglwys yn meddwl am y cae gwair'. Byddai cynaeafu'n eithriad i'r drefn: rhyw deimlad na wnâi Duw warafun i ni gynaeafu gwair neu ŷd ar gyfer y creaduriaid. Wedi'r cyfan, fyddai Duw ddim am weld creaduriaid yn newynu.

Fedra'i ddim dweud fod Nhad yn or-grefyddol. Ond roedd llawer o'r ysgrythur ar ei gof. Byddai weithiau'n adrodd darnau o'r Beibl. Ond doedd e ddim yn grefyddwr cyfundrefnol. Doedd e ddim yn mynychu'r eglwys yn rheolaidd, ond roedd ganddo barch i'r Bod Mawr, fel y'i galwai. Fel y gwnes i sôn, roedd ei fam yn grefyddol iawn a'r Eglwys yn bwysig. Dad oedd yr ieuengaf o'r chwech; roedd ei fam yn 44 yn ei gael. Dwedodd ei fod yn *blue baby* a gafodd ei daflu i waelod y gwely gan nad oedd y doctor yn meddwl fod ganddo ryw lawer o siawns byw, a blaenoriaeth hwnnw oedd edrych ar ôl y fam. Ond fe ddoth ato ei hun, ac fe fuodd yn ddigon bywiog ar hyd ei oes! Roedd Bessie, Nellie, Dilys a David a Jenny wedi eu geni'n barod, ond fe fu Jenny farw yn bedair ar hugain oed. Roedd fy nhad yn gorfod mynd i'r cwrdd yn ddi-ffael bob dydd Sul, i Eglwys Santes Non Llanerchaeron, a phan fydden nhw'n lladd mochyn yn Lanlas, y ficer fyddai'n cael y darn gorau o'r mochyn bob amser. Fe fyddai'r ficer hefyd yn dod yn aml i de. Dwi'n cofio i Nhad ddweud iddo ddod adre o'r ysgol ryw ddiwrnod, a heb sylwi fod y ficer yno, iddo gicio pêl ac iddi landio'n sgwâr ar ganol y bwrdd te. Fe ddwedodd mai dyna'r stŵr mwyaf iddo'i gael erioed gan ei fam. Y tro wedyn, wedi dod adre i weld y ficer yno, fe aeth i guddio nes bod hwnnw wedi mynd. Ond roedd yr hen gadno o ficer wedi ei weld. Fe gripiodd i fyny y tu ôl iddo a sibrwd 'prynhawn da Stanley' yn ei glust, a rhoi ofn trwy ei het i'r creadur druan.

Roedd ganddo ddefod bob pnawn dydd Sul ar ôl cinio: fe âi i'r gwely am ddwyawr. Duw a helpo Joyce a finne ar brynhawn dydd Sul gwlyb, a ninnau yn y tŷ yn cadw sŵn. Wn i ddim beth oedd i gyfrif am hyn. Ond dyna fe, dydd gorffwys oedd dydd Sul i fod. A gorffwys wnâi Nhad – yn llythrennol. Ond fe fyddai hefyd yn mwynhau cwmni. Roedd yn hoff o gael pobl yn galw yn y tŷ, ac os daliech ef mewn hwyl eithriadol, fe fyddai'n canu ac yn iodlan ei hun. Fe fyddai'n hoff o dynnu coes a chael stori gan hwn a hon.

Fe gollon ni Nhad yn 2011 yn 88 oed. Roedd e a Mam wedi symud i fyw mewn byngalo ar dir Blaenplwyf, a Joyce a'i gŵr Melvyn wedi ymgartrefu yn y ffermdy. Nhad wnaeth godi'r byngalo ei hunan. Yn ffodus iawn dim ond tua saith milltir sydd rhwng Blaenplwyf a Ffosdwn felly roedd e a Mam yn dal o fewn cyrraedd hawdd. Mae Joyce a Melvyn yn dal yn byw ac yn ffermio ym Mlaenplwyf, a Joyce wedi byw yno erioed. Mae'r ffermdy ei hun yn un o'r tai hirion traddodiadol, a'r tŷ gwyngalch yn rhan annatod o'n teulu. Adeiladwr yw Melvyn, gŵr Joyce, a hithau wedi gweithio mewn amryw o swyddi yn cynnwys Theatr Felin-fach. A nawr mae hi'n dderbynnydd mewn deintyddfa yn Llanbed. Mae ei mab hynaf, Rhydian, yn fecanic ac mae ganddo weithdy ar y fferm ym Mlaenplwyf – rhywbeth oedd, yn naturiol, yn plesio fy nhad. Mae Meryl ei wraig yn Sister yn ysbyty Glangwili ac mae ganddynt ddau o blant, Hari a Nansi. Mae Carwyn eu mab ieuenga hefyd yn ymwneud â pheiriannau ac yn yrrwr loris. Mae Gwennan ei wraig yntau yn gweithio i'r Cyngor ac mae ganddynt hwythau hefyd ddau o blant bach, Celt a Greta Mair, a ddaeth i'r byd ryw wythnos ar ôl inni golli fy mam. Rhyfedd sut mae'r byd yn cymryd ag un llaw ac yn rhoi gyda'r llall.

Fe gafodd Nhad ddiwedd poenus. Fe ddarganfuwyd cancr ar ei fraich ac fe fu'n rhaid torri'r fraich i ffwrdd. Fe fu ei fraich yn boenus am fisoedd ond roedd y meddyg yn mynnu mai effaith riwmatig oedd arno. Pan aethon ni ag ef i'r ysbyty a chael ei archwilio fe welson ni ar unwaith fod rhywbeth mawr o'i le. Fe ddechreuodd y dynion sobr mewn siwtiau ymgasglu o'i gwmpas ac yna rhedeg yma ac acw. Mae rhai pethe yn yr hen fyd yma sydd ddim yn deg. Nhad yn dioddef ac yntau heb fod yn smygwr a heb fod yn yfwr mawr chwaith. Ac i wneud pethe'n waeth, yr arbenigwr fyny yn Birmingham yn dweud petaen nhw wedi ei dderbyn chwe mis yn gynharach y medren nhw fod wedi ei arbed. Roedd colli ei fraich i ddyn oedd mor hoff o ddefnyddio'i ddwylo yn ergyd drom. Yn wir, bu'n ergyd farwol. Ychydig fisoedd yn unig wnaeth e bara wedyn.

Ar y 6ed o Ragfyr 2010 roedd Hedd, yr ŵyr cyntaf, yn flwydd oed ac fe benderfynais i droi diwrnod ei ben-blwydd yn ddydd Nadolig cynnar. Fe wnes i wahodd y teulu oll ynghyd. Fe wnes i dynnu lluniau teuluol ac mae Nhad i'w weld yn dal ei fraich fel petai mewn poen. Erbyn hyn roedd e'n ei chael hi'n anodd gwisgo'i siaced. Fe wnes i gymryd y penderfyniad cywir. Erbyn dydd Nadolig roedd e'n rhy wael i ddod draw aton ni.

Guto yn y gadair fach wnaeth fy nhad imi

Un dymuniad oedd ganddo – i gael marw'n dawel. Ond na, fe ddioddefodd boenau dychrynllyd. Dyna pam na fedra'i ganu 'Sgidiau Gwaith fy Nhad' bellach. Yn wir, dydw i ddim wedi ei chanu ers iddo farw. Hwyrach na wna'i ei chanu byth eto. Mae gen i atgofion lu amdano fe. Ac un peth gweledol yn arbennig. Pan o'n i'n blentyn bach fe wnaeth e lunio cadair siglo i fi. Mae honno gen i o hyd. Yn symbol o'r fagwraeth ofalus gefais i dan ei ofal.

Medalau i Famau

Breuddwydiais i Mam gerdded llwybr i'r ne',
Rhoir yno fedalau i famau'n eu lle,
Sonient am filiwn o bethau wnaeth Mam,
Pethau'r anghofiais i'm harbed rhag cam.

Os medalau i famau, am eu holl weithredoedd cu,
Os medalau i famau, Mam fach, daw'r cyfan i chi.

Medal anrhydedd a roir ar ei bron,
Yn rhwydd daeth medal cymwynas i hon,
Medal gweithgarwch ac amynedd mor hir,
Ond y mwyaf oll oedd am gariad mor bur.

Os medalau i famau, am eu holl weithredoedd cu,
Os medalau i famau, Mam fach, daw'r cyfan i chi.

Mam a fi gydag un o'r cŵn defaid

Roedd Mam yn garedig. Dyna'r gair sy'n dod i'r meddwl wrth gofio amdani. Wrth ysgrifennu'r gyfrol hon, y'n ni fel teulu newydd ei cholli. Os na chafodd fy nhad ddiwedd tawel, fe ddiffoddodd Mam yn ddisymwth yn ei chwsg ar yr 22ain o Fedi 2018. Anodd yw pwyso a mesur dylanwad un mor bwysig, a hynny mor sydyn ar ôl ei cholli.

Fyddai Mam byth yn dal dig, byth yn difrïo neb ac yn dweud wrthoch chi i 'basio heibio' hwn a hon. Priododd hi â Nhad yn ddeunaw, fel oedd yr arfer bryd hynny, ac fe roedd hi'n nodedig am fod yn ferch hardd yn yr ardal. Roedd hi'n hoff iawn o goginio, o wneud tarten afalau ac o wneud rhyw 'ddiod fain' adeg y cynhaeaf – rhyw ddiod befriog ddi-alcohol. Roedd hi'n hoff o gwmni, a buodd yn lwcus iawn o'i chymdogion pan oedd Joyce a finnau'n blant. Doedd hi hefyd ddim yn hoffi ffws. Fel llawer o'i chenhedlaeth, roedd hi'n berson preifat iawn. Mi wn y bu colledion rhwng fy ngeni i a geni fy chwaer, ond ni ddangosodd byth mo'i phoen na'i galar. Er ei charedigrwydd, roedd yna ryw wytnwch ynddi hefyd. Rhyw gryfder meddal oedd yn benderfynol o weld y gorau ym mhob sefyllfa.

Ganwyd Mam ar y 9fed o Chwefror 1928, y pedwerydd plentyn i David ac Esther Lizzie Evans, Ffos y Bontbren, Ffos-y-ffin neu 'Ffos' fel fydde pawb yn ei adnabod. Roedd ganddi dri brawd yn hŷn na hi – John, Dewi a Ieuan. Felly dyw hi ddim yn syndod ei bod hi'n damaid bach o domboi, a falle yn cael ei sbwylio rhywfaint 'da nhw i gyd! Fe fydde hi'n gwadu hyn wrth gwrs!

Yn ôl pob hanes fe gafodd blentyndod hapus tu hwnt ar aelwyd 'Ffos'. Roeddynt yn cadw tamaid o bopeth ar y fferm – ceffyle, mochyn neu ddau, buchod godro, hwyaid, ieir a defaid. Dwi'n ei chofio hi'n adrodd yr hanes am ddiwrnod lladd mochyn – diwrnod y byddai'r plant yn cadw ddigon pell a'r bois wedyn yn chwythu pledren ddŵr yr hen fochyn i chwarae pêl-droed â hi y dyddie wedyn. Y 'trît' mwya oedd cael tamaid o'r cig briw. Roedd yn arfer dweud bod pob rhan o'r mochyn yn cael ei defnyddio ond ei wich! Roedd Mam wedi gorfod dysgu byw mewn oes heb wastraffu, ac mi fuodd yn byw fel'ny trwy gydol ei dyddie.

Fe aeth hi a'i brodyr i ysgol Llwyncelyn – cerdded draw a nôl bob dydd ac ym mhob tywydd. A dwi'n cofio iddi ddweud wrtha'i am hanes 'Mrs Me' – nid y prif weinidog ond un o ddefaid Ffos oedd wedi pasio'i *sell by date* ac a roddwyd i ysgol Llwyncelyn i neud cawl i fwydo'r plant adeg Gŵyl Dewi. Druan â Mrs Me, bu siŵr o fod yn berwi am ddyddie!

Roedd hi'n sôn hefyd am ambell i sgwlyn cas iawn yn yr ysgol. Rwy'n cofio hi'n gweud am un crwt oedd yn naturiol llaw chwith a'r athro yn clymu ei law chwith tu ôl i'w gefn ac yn ei orfodi i ysgrifennu â'i law dde. A phan fyddai ei ysgrifen yn anniben wedyn, fe fyddai'n cael ei geryddu am hynny.

Un o'r uchafbwyntiau i Mam yn yr ysgol, a stori y byddai hi'n ddweud wrth ei hwyron yn aml, oedd cael cymryd rhan mewn drama a gafodd ei llwyfannu adeg y Nadolig a'r flwyddyn newydd. Roedd merch fach wedi cael ei gwisgo mewn carpiau duon; hi oedd yr hen flwyddyn yn gorfod cerdded oddi ar y llwyfan yn pwyso ar ffon. Mam oedd y flwyddyn newydd, yn dawnsio'n ysgafndroed ar y llwyfan ac yn gorfod ysgubo'r hen flwyddyn i ffwrdd. Doedd dim arian i gael gwisg arbennig, ond fe blygodd ei thad bapur newydd y *Welsh Gazette* i greu 'twtw' a het iddi.

Fe adawodd yr ysgol yn ifanc fel pob merch o'r oes yna. Ychydig iawn o ferched oedd yn cael cyfle ar addysg bellach bryd hynny ond rwy'n siŵr pe bai wedi cael y cyfle y byddai wedi serennu. Fe aeth am gyfnod i weithio gyda Thomas y fferyllydd yn Aberaeron. Ond adre y daeth cyn hir i weithio yn Ffos. Roedd ei brawd John erbyn hyn yn was ym Mhanteryrod, a Ieuan yn was yn Cilcert, Llwyncelyn a Dewi yn paratoi i fod yn fasiwn, felly roedd eisiau ei help ar ei mam gartre. Ond ymhen ychydig, fe ddaeth gŵr ifanc i'r amlwg sef John Stanley Davies o Lanlas, Cilie Aeron.

Yn ôl pob hanes, fe gwrddon nhw yn y pictiwrs yn neuadd Aberaeron yn gwylio ffilmie fel *How Green was My Valley* ac yn arbennig ffilmiau Llaurel and Hardy, ffefrynau fy nhad. Roedd yn amser rhyfel erbyn hyn a'r cwbl yn fwrlwm yn yr ardal. Fe ddaeth yr Americanwyr i'r fro ac adeiladu camp yn Cilfforch oedd ond tafliad carreg o fferm y Ffos, gan gyrraedd ar y trên i stesion Aberaeron yn eu cannoedd. Roedd ganddi gymaint o hanesion am yr adeg hon oedd yn llawn hiwmor. Mae'n debyg bod yr Americanwyr yn cael *target practice* drwy saethu at ddarn mawr o ddefnydd coch a fyddai'n cael ei dynnu y tu ôl i awyren allan dros y môr. Byddai hwnnw wedyn yn cael ei dynnu yn ôl dros y tir wedi i'r saethu orffen. Weithiau fe fyddai darnau o'r defnydd hwn yn disgyn ar dir y Ffos. Roedd Mam wedyn yn casglu'r rhain ac fe fydde hi a Mam-gu, a oedd yn dipyn o wniyddes, yn creu clustoge a dillad allan ohonynt. Fe wedodd Mam i'w mam hithau wneud gŵn nos iddi o'r defnydd coch yma. Gan fod dim byd yn cael ei wastraffu, roedd hyd yn oed y sach flawd yn cael ei ddefnyddio. Roedd rheiny bryd hynny o gotwm gwyn meddal. Fe wnïodd ei mam ŵn nos o'r cotwm hwnnw iddi hefyd ac fe fyddai'n rowlio chwerthin wrth ddweud fod slogan y cwmni blawd yn blaen ar ei brest, sef '*As you like it*'.

Ta beth, fe aeth y garwriaeth ymlaen, ac ar ôl i'r rhyfel orffen fe briododd y ddau fel llawer iawn o barau eraill yn yr ardal fel Aeron a Sal, Tom a Gret, Doris ac Alun ac ati.

Roedd gan Mam ryw ddireidi diniwed, a phan anwyd ei hwyrion, fe gafodd gyfle i fod yn blentyn unwaith eto. Fe fyddai hi'n gwisgo lan fel Siôn Corn wedi iddi nosi noswyl Nadolig, gan gripian heibio'r tŷ ym Mlaenplwyf, a Joyce yn gweiddi ar ei bechgyn i ddod i edrych drwy'r ffenest gan fod Santa tu fas a'i bod hi'n bryd iddyn nhw fynd i'r gwely. Bydde fy mhlant innau hefyd, Caryl a Gwyndaf, yn cael eu danfon lan at y *cattle grid* ar ben y lôn yn fynych rhag ofn bod draenog wedi cwmpo mewn ac angen ei achub. Fe fydden nhw'n gorfod mynd haf a gaeaf, a'r ddau yn ara iawn yn deall na fyddai draenog ar hyd y lle yn y gaeaf beth bynnag! Ond fe fyddai'n ffordd ddrygionus iddi gael pum munud o dawelwch. Chwarae cardiau a thwrio yn y bocs botymau am barau oedd rhai o'r gemau diniwed a roddodd oriau o ddifyrrwch i'w hwyron. Mam gyda mwy o amser, wedi'r cwbwl, yw mam-gu.

Cafodd hwyl wedyn yn mynd ar dripiau, yn mynychu Hwyl a Hamdden, yn mynd i waco gyda phlant Mari – y merched. Gwelodd yr wyron yn gwneud eu cartrefi a mwynheuodd dynnu eu coese am eu carwriaethau.

Yna fe ddaeth y gor-wyrion, cannwyll ei llygad – Hedd, Gwenno, Guto, Aron a Sara, Hari, Nansi a Celt. Roedd hi'n credu'n gryf mai trwy deg oedd plygu plentyn, nid trwy gerydd. A chyda'r plant y byddai hi ar ei hapusa, yn blentyn y tu mewn o hyd. Yn rhyfeddu ar natur, yn gwneud dwli, yn canu penillion ac yn chwerthin.

Hoff flodyn Mam oedd y friallen – blodyn glân, liw'r haul, blodyn melyn optimistig, blodyn sy'n ein hatgoffa bod y gaeaf y tu ôl inni. Blodyn oedd yn cwmpasu rhinweddau Mam i gyd, ac rwy'n siŵr yr edrychwn ymlaen at weld y briallu yn codi yn y cloddiau'r flwyddyn nesaf eto a chofio yn gynnes amdani.

> Marw sydd raid, nis gwyddom pryd
> Pa fodd, pa fan yn hyn o fyd,
> Ac os yw bywyd i ni'n rhodd,
> Mae marw hefyd yr un modd,
> Can's beth fo'n rhan, mae'n eithaf eglur,
> Cawn chwarae teg gan Awdur Natur.
>   Joseff Jenkins, Blaenplwyf.

Cae'r Blode Menyn

Cae'r blode menyn o'dd y cae dan tŷ,
Ac wrth ei waelod rhedai'r lein fach yn ei bri,
Mi dreuliais orie yn chware yn hwn
Yn disgwyl y trên bach ddod fyny o'r cwm.

Cytgan:

Trên bach, trên bach a'i stêm yn gwmwl gwyn,
Trên bach, trên bach âi heibio fel y gwynt,
Cawn glywed sŵn chwibanu
Gweld gwên y gyrrwr llon
Wrth gario glo a chario llaeth a phobol ger ei fron.

Drwy Ddyffryn Aeron rholiai'r trên o dan ei faich
Gan aros ym mhob gorsaf, roedd llawer ar y daith,
O Orsaf Aberaeron, Glwyd Ddu, Cilie a Felin-fach,
Penwern, Blaenplwyf a Silian, i Lanbed âi yn iach.

Ond troi mae olwyn amser a'r cyfnod ddaeth i ben,
Bu'n rhaid i'r trên ddibennu, a'r fro yn plygu'i phen;
A nawr mae'r blode menyn yn mygu'r lein yn dynn,
Pob gorsaf yn adfeilion o'r golwg dan y chwyn.

Cytgan:

Trên bach, trên bach a'i stêm yn gwmwl gwyn,
Trên bach, trên bach âi heibio fel y gwynt,
Cawn glywed sŵn chwibanu
Gweld gwên y gyrrwr llon
Wrth gario glo a chario llaeth a phobol ger ei fron.

Y trên oedd yn teithio o Aberaeron i Lambed
heibio i fferm Blaenplwyf sawl gwaith y dydd

Un o'r atgofion cliriaf sydd gen i o ddyddiau plentyndod ym Mlaenplwyf yw hwnnw o dawch ac arogl mwg y trên wrth iddo daranu heibio'r cae dan tŷ fel rhyw storm sydyn, storm a ddistawai'r un mor sydyn ag y cychwynnodd. Arogl chwerw'r creosot wedyn o'r cwt lle byddai gweithwyr y lein yn cysgodi a chael ambell baned o de. Fe fyddwn i'n sleifio yno er gwaethaf rhybuddion i gadw draw am y gallai'r lein fod yn beryg bywyd. Disgynnai'r rhybuddion ar glustiau byddar.

Atgofion am y trên wnaeth arwain at gyfansoddi 'Cae'r Blode Menyn'. Roedd y rheilffordd yn rhedeg fel gwythïen yn syth drwy ganol gwyrddni Dyffryn Aeron. Cangen oedd hi o'r brif lein rhwng Aberystwyth a Chaerfyrddin. Rhedai o Lanbed i Aberaeron. Rhwng y ddwy dref roedd yna chwe arosfan ac un orsaf, sef Felin-fach. Yr arosfannau oedd Silian, Blaenplwyf, Penwern, Talsarn, Ciliau Aeron, y Glwyd Ddu a Llanerchaeron. Fe fyddai rhai yn dod ar ymweliad â ni ar y trên, perthnasau a ffrindiau fynycha. Roedd hi'n gyfleus iawn gan fod yna arosfan gerllaw. Fe gaeodd y lein i deithwyr yn fuan wedi i fi gael fy ngeni. Ond fe fu'r trên nwyddau, yn cario llaeth yn bennaf o'r ffatri yn Felin-fach, yn teithio am gryn gyfnod wedyn hyd 1976.

Fe fyddai trên yn mynd heibio bedair gwaith y dydd. Finne a Joyce yn hongian ar y ffens rhwng Cae'r Blode Menyn a'r lein ac yn codi llaw ar y gyrrwr. A hwnnw bob amser yn wafo nôl. Roedd hi'n union fel golygfa allan o *The Railway Children* ond mai dim ond dwy ferch fach oedd yma, nid tair. Cae Bach oedd yr enw iawn arno, ond i fi, Cae'r Blode Menyn oedd e. A Chae'r Blode Menyn yw e o hyd. Ynddo roedd hen dwlc yn cysgodi tan ywen fawr ganghennog: lle delfrydol i chwarae ynddo pan nad oedd ynddo fochyn yn rhochian a gwichian.

Doedd dim angen cloc yn y dyddiau hynny ar drigolion y fro. Y trên fyddai ein cloc ni. Roedd y lein yn atynfa fawr i blentyn chwilfrydig fel fi. Byddai'n fy nenu fel magned. A'r rhybuddion am y perygl yn gwneud y cyfan hyd yn oed yn fwy atyniadol. Ac er gwaethaf – neu'n hytrach oherwydd – rhybuddion a bygythiadau Nhad a Mam fe fyddwn i'n ddigon byrbwyll weithiau i orwedd yno ar y lein ag un glust ar un o'r cledrau pan fyddai amser dyfodiad y trên yn nesáu. Ar ôl ychydig funudau fe deimlwn i'r cledr metel yn hymian, ac yna'n gryndod i gyd wrth iddo ddynesu. Bryd hynny fe fyddai'n bryd cilio i ddiogelwch y tu ôl i'r ffens. Gosod darn o arian weithiau wedyn, ceiniog gan amlaf, ar un o'r cledrau a gadael i'r trên fynd drosti a'i gwasgu'n ddarn mwy. Roedd hi'n dyblu o ran maint ond ddim o ran gwerth.

Tomos Tomos, neu Twm Twice, oedd un o'r gards, a hwnnw'n gymeriad a hanner. Doedd dim rhaid cael *halt* swyddogol; yn wir, fe allech chwifio ar y trên a'i gael i stopio ar eich cyfer. Yn wir, yn yr hydref, pan fyddai'r caeau cyfagos i'r rheilffordd wedi eu britho â madarch, fe fyddai'r trên yn stopio a phawb yn dod oddi arno er mwyn llenwi capiau a choliau a bagiau! Fe fu'r trên yn cario llaeth i Lundain wrth gwrs, ac yn cario cyrff y bechgyn a syrthiodd yn yr Ail Ryfel Byd adref. Yn wythïen bwysig ac yn gysylltiad gyda'r byd mawr y tu allan i'r fro fach.

Er i'r gwasanaeth i deithwyr ddod i ben pan o'n i'n fach iawn, fe fyddwn i weithiau'n cael mynd i Aberystwyth ar y trên o Gaerfyrddin yng nghwmni Mam. A dyna antur fyddai honno. Fe fydden ni'n dal y trên ym Metws Bledrws. Ond fe gaeodd y lein honno wedyn ym mis Chwefror 1966. A dyna golled fu colli'r trên. Mae arogli mwg trên stêm neu glywed ei sŵn o hyd yn dod â'r cyfan yn ôl yn fyw.

Mae meddwl am y blode menyn yn datgloi atgofion dyddiau plentyndod. Fe ddechreues i yn yr ysgol yn bump oed, yn Ysgol Felin-fach ymron dair milltir i ffwrdd o Flaenplwyf. Os fydde plentyn yn byw ddwy filltir neu fwy o'r ysgol, yna fe gaen nhw'u cludo mewn tacsi. Miss Howells oedd yn gyrru ac fe fyddai hi'n galw i gasglu plant ym Mryngwyn, Cilerwysg, Blaenplwyf a Tŷ-rhos.

Yn yr ysgol fe fues i'n lwcus iawn mewn un athrawes yn arbennig. Roedd Miss Joyce Evans yn fedrus ar y piano. Fe briododd, a dod yn Mrs Joyce James, a finne'n methu deall sut roedd hi wedi newid ei henw dros y gwyliau. Fe fyddai ei gŵr, John Arnold James, yn mynd gyda Nhad yn rheolaidd i'r rasys motor-beics ar Ynys Manaw. Roedd John Garej Felin-fach yn mynd weithiau hefyd. Oedd, roedd Nhad yn ddyn motor-beics brwdfrydig iawn.

Un atgof cynnes iawn sydd gen i o gyfnod ysgol oedd i Alun Williams, y gohebydd o'r BBC, ddod i'r ysgol i recordio rhaglen. Cefais fy newis i adrodd rhyw ddarn ac fe aeth Mam â fi'n arbennig i siop Rhys Hughes i gael ffrog newydd.

Ro'n i'n ddigon hoff o ddyddiau ysgol. Ond ar ben fy hunan fyddwn i ar gyrion yr iard. Ro'n i mor gyfarwydd â bod yn chwarae ar ben fy hunan fach adre ar y ffarm fel mai ar ben fy hunan y dymunwn i fod beth bynnag. Bryd hynny, a minnau heb ddechrau'r ysgol nes fy mod yn bump oed, ac yn unig blentyn bryd hynny, roedd plant y pentre yn hen gyfarwydd â'i gilydd. Er eu bod yn gyfeillgar iawn, roeddwn innau heb arfer chwarae rhyw lawer gyda phlant eraill. Ar ben hynny ro'n i'n wahanol. Fe fydden nhw'n gwisgo sanau gwynion. Sanau llwyd fyddai gen i. Roedd hynny yn fy marcio allan yn wahanol. Roedd sanau llwydion yn llawer mwy ymarferol ar glos ffarm na sanau gwynion. Plant gwledig oedd â'r rheini, a'u mamau yn gwybod na pharent yn wyn yn hir wrth gael eu golchi yng nghanol dillad gwaith y ffarm.

Dwi'n cofio'i ffeindio hi'n anodd gwneud ffrindiau yn yr ysgol. Alla'i ddim â dweud fy mod i wedi bod yn swil, ond fe roeddwn i'n naturiol yn aros ar y cyrion. Ond weithiau, mae hynny'n beth da. Arsylwi ar bethau yn lle bod yn eu canol fyddwn innau wastad. Yn meddwl. Yn aros fy nghyfle efallai. Dwi ddim yn gwybod.

Fyddai dim drwg wedi digwydd i fi yn yr ysgol beth bynnag. Roedd Tomi drws nesa'n ofalus iawn ohona'i.

Roedd Tomi Tŷ-rhos yn hŷn na fi ac yn amddiffynnol ohona'i. Tomi oedd fy angel gwarcheidiol, y brawd mawr na chefais i. Bu Tomi yn byw drws nesaf i Flaenplwyf nes ei farwolaeth sydyn ar Sul y Blodau 2017. Roedd yn gymeriad addfwyn a fyddai'n cario bylbiau blodau i bob man yn ei bocedi ac yn eu plannu'r fan hyn a fan draw. Rhyfedd wedyn iddo gael ei alw adref ar Sul y Blodau.

Mae'r trên a Chae'r Blode Menyn yn rhan o'r gorffennol pell erbyn hyn. Maen nhw'n cynrychioli diwedd blynyddoedd plentyndod a dechre byw yn y byd mawr go iawn. Ond fe ddaw mwg a thawch trên stêm ac arogl creosot â'r cyfan yn ôl. Fe fydda i'n blentyn yn hongian ar y ffens unwaith eto yn wafo ar y gyrrwr, a hwnnw, â macyn coch am ei wddw, yn wafo nôl arna i. Fe fydda'i nôl unwaith eto yn fy myd bach cynnes fy hunan. Bryd hynny

Plant Ysgol Felinfach gyda Mrs Joyce James wrth y piano

doedd yna ddim byd yn bodoli tu hwnt i orwelion gwyrdd Dyffryn Aeron.

Fe ddysgais yn ddiweddarach mai chwyn oedd y blode menyn. Yn wir, maen nhw'n wenwynig. Ond i fi roedden nhw'r blode harddaf a dyfodd erioed. Darnau aur oedden nhw. Petaen nhw'n sofrenni, fe fyddwn i'n filiwnydd. Maen nhw'n dal i dyfu yn y Cae Bach ym Mlaenplwyf. Ond dyw'r blode ddim i'w gweld yn tyfu mor uchel nawr ag oedden nhw ers talwm. Mae'r hen fyd yma wedi ymestyn ac ymledu yn fwy nag y bu erioed. A buan, yn llawer rhy fuan, fe wnes i ddeall fod yna fyd yn bodoli tu hwnt i orwelion clòs a chynnes fferm Blaenplwyf a Dyffryn Aeron.

Nans o'r Glyn

Nans o'r Glyn, Nans o'r Glyn,
Adenydd wrth dy draed yn dy gario'n chwim,
'Sneb yn y wlad all dy faeddu di,
A'r joci bach oedd yn dy gyfrwy di.

Cytgan:

Rhed, rhed, rhed. Rhed, rhed, rhed,
Rhed fel y gwynt yn gyflym ar dy hynt,
Rhed Nans fach fel cynt.

Sŵn carne yn drwm ar y borfa las,
Cynnwrf ar chwydd ar ddechre y ras,
Ei mwng yn y gwynt a'i chynffon yn don,
Bob tro 'da'r cynta' i'r llinell oedd hon.

Pob un yn rhyfeddu at y gaseg iach,
Methu deall ei chyflymdra, a hithe mor fach,
Fe roddai'r boneddigion unrhyw ffi
Er mwyn cael perchen ei thebyg hi.

Tawelu wnaeth sŵn dy bedol chwim,
Setlodd y llwch, aeth y wefr yn ddim,
Ond gwn i mi dy weld yn y machlud fry,
Adenydd o aur wrth dy garnau di.

Cytgan:

Rhed, rhed, rhed. Rhed, rhed, rhed,
Rhed fel y gwynt yn gyflym ar dy hynt,
Rhed Nans fach fel cynt.

Nans o'r Glyn a'i joci John Jenkins o Lundain Fach

Yn wahanol i'r rhan fwyaf o ferched ffarm, fuodd gen i ddim erioed ferlen. Yn nyddiau plentyndod roedd oes y ceffyl gwaith bron iawn ar ben. Lle gynt byddai ceffyl yn anghenraid ar gyfer teithio o fan i fan, a cheffyl gwedd yn hanfodol ar gyfer trin y tir, creadur adloniadol neu ar gyfer sioeau gan fwyaf yw'r ceffyl heddiw. Disodlwyd y ceffyl gan y tractor ar gyfer gwaith y tir a daeth y motor-beic Bantam a'r cerbydau 4x4 ac yna'r cwad i ddisodli'r angen am ferlod ar gyfer teithio ffyrdd a lonydd y wlad o fan i fan.

Byddwn, fe fyddwn i wedi hoffi cael ceffyl, mae'n debyg. Ond roedd fy nhad yn ddyn cwbl ymarferol. Os na fyddai angen creadur ar gyfer gwaith neu fusnes y ffarm, fyddai dim lle iddo ym Mlaenplwyf. Fe fyddai prynu ceffyl iddo fe fel prynu cath. Yn wir, yn waeth na phrynu cath. Fe fyddai gan gath y swyddogaeth o ddal llygod. Hynny yw, byddai'n fwy defnyddiol na cheffyl!

Ond er na fu ganddon ni ferlen, fe fu Blaenplwyf yn fagwrfa i'r gaseg rasys enwocaf yn Nyffryn Aeron, os nad Cymru gyfan. Perchennog Nans o'r Glyn oedd Siencyn, neu Jenkin Jenkins, Blaenplwyf, brawd i Cerngoch. Yn ôl tystiolaeth yn nyddiadur ei nith, Anne Jenkins, pan fu farw'i hewythr yn 72 oed, gwerthwyd Nans i ryw Mr Jones o Landudno am £52. Roedd Nans, meddai, wedi ennill deg gwaith hynny i'w pherchennog. Enillodd felly tua £500 mewn gwobrau ariannol, swm mawr iawn yn y dyddiau hynny.

Merlen fach oedd Nans, ychydig dros 13 llaw o uchder. Ond curai Nans fach geffylau llawer talach. Gwnâi ei byrder ei thasg o neidio dros glwydi'n her fwy anodd fyth. Yn ôl John Lloyd mewn rhagair i'r gyfrol *Cerddi Cerngoch*, ganwyd Nans ym mis Mehefin 1891. Ei mam oedd merlen fynydd o'r enw Polly, nad oedd ei hun ond 12 llaw mewn uchder. Roedd ei thad o dras uchel, sef Rameses, hwnnw'n fab i Chippendale, enillydd y Caesarwich Stakes yn Newmarket yn 1879. Roedd hon yn ras dros ddwy filltir, dwy ffyrlong ac wythdeg-pum llathen.

Dyma ddisgrifiad John Lloyd o Nans:

'Nans is very sure footed and very clever across the country, and has never come to grief in negotiating difficult banks and hurdles.'

Roedd record lwyddiannau Nans yn anhygoel. Yn ystod ei gyrfa rasio dros ddeng mlynedd rhedodd mewn 268 o rasys gan ddod yn fuddugol mewn 184, yn ail drigain o weithiau ac yn drydydd 16 o weithiau. Dim ond wyth gwaith fethodd hi orffen ymhlith y tri cyntaf.

Fe wnaeth Nans gystadlu ymhob sir yn ne Cymru ac mewn rhai siroedd yn y gogledd hefyd. Croesodd y ffin hefyd i rasio yn swyddi Warwick a Stafford. Yn Llanbed yn 1901 enillodd dair ras yn olynol – y ras dros glwydi, y ddwy filltir traws gwlad a'r ras ddwy filltir agored ar y gwastad. Enillodd Wobr Neuadd Fawr mewn ras traws gwlad bedair gwaith yn olynol.

Yn New Inn, Llangrannog yn 1900, ceisiwyd atal Nans drwy godi clawdd o bum troedfedd o uchder ar y cwrs, hynny'n debygol o roi gwell cyfle i geffylau eraill talach. Ond yn ofer. Enillodd Nans yn hawdd. Dyma sylw pellach gan John Lloyd:

'Truly such performance is prodigious, and I doubt if such a record can be found in the annals of racing in this country. For a little mare of 13.2, they seem almost incredible.'

Daeth yn arwres nid yn unig ymhlith y werin ond hefyd ymhlith y byddigions. Cofnodir iddi gael ei marchogaeth mewn helfeydd gan Miss Charlotte Harford o Blaize Castle, a ddaeth yn fuddugol arni mewn cystadleuaeth *gymkhana*. Nodir hefyd i Montague Rawlins, mab y Cadfridog Rawlins o Blas Brynog, ei marchogaeth mewn helfeydd dri thymor yn olynol.

Nid Nans oedd unig geffyl llwyddiannus Jenkin Blaenplwyf. Yn ôl John Lloyd, ffynhonnell ceffylau rasys Blaenplwyf oedd Grey Maid, a enillodd ei ras gyntaf yn Tyngrug, Llanwenog. Ras clwyd a pherth oedd honno. Yn wynebu'r ceffylau ar gwrs tair milltir o hyd roedd naw clawdd uchel, ond hi oedd yr unig un i beidio â chwympo.

Olynwyd Grey Maid gan ei merch Madonna, a gafodd, wedi llwyddiannau cynnar, ei throi'n ferlen hela. Un arall lwyddiannus oedd Lacrosse. Disgynnydd arall i Grey Maid a brofodd lwyddiannau oedd Whippo Will. Un tro, enillodd ras glawdd a pherth New Inn ddim ond i'r stiwardiaid fynnu ail-redeg y ras oherwydd problemau gyda'r baneri. Ond unwaith eto fe enillodd Whippo Will. Yna dyma Madonna the Second yn ymddangos ac yn ennill 12 allan o'i 14 o rasys o fewn un flwyddyn. Daeth yn ail yn y ddwy arall. Llwyddiannau eraill o blith disgynyddion Grey Maid oedd Roan Bell ac Aly Sloper.

Cafodd Aly Sloper enwogrwydd yn un o rigymau Cerngoch am ras yng Nghribyn yn 1894:

Fe gwympodd joci 'Sharper',
Aeth 'Jonah' yn benefer,
A heibio'r post yn gynta o'r tri
Fe slipiodd Aly Sloper.

I ddychwelyd at y cysylltiad â Blaenplwyf, roedd Jenkin Jenkins, perchennog Nans o'r Glyn, yn chweched mab y teulu. Yn ôl John Lloyd eto, hyfforddodd dros ddau ddwsin o geffylau. Fe wnâi hynny nid er mwyn elw ond oherwydd ei gariad at rasio ceffylau. Ni wnaeth erioed osod bet ar geffyl ond unwaith, a hynny yn erbyn ei geffyl ei hun. Fe wnâi hyfforddi trwy deg, a gwaharddai ei jocis rhag defnyddio sbardunau. Câi ei gydnabod fel un oedd 'yn rhedeg ei geffylau yn eu blew'. Hynny yw, y ceffyl gâi benrhyddid, nid y joci.

Joci Nans o'r Glyn oedd John Jenkins o'r Blue Bell, Llundain Fach. Bu farw ar Dachwedd 16eg 1907 yn 34 oed.

Ar ei garreg fedd ym Mynwent Capel y Groes, Llanwnnen, ceir pennill coffa iddo o waith Cerngoch:

> Rôl rhedeg llawer rhedfa
> A llwyddo i ddod ymlaena,
> Pen gyrfa'i fywyd ddaeth i'w ran
> A thyma'r fan gorwedda.

Nid dyna ddiwedd y gân. Yn blentyn yn chwarae o gwmpas Blaenplwyf fe fyddwn yn darganfod hen bedolau yn aml a minnau'n breuddwydio mai rhai Nans oedden nhw. Pwy a ŵyr?

I Joseph Jenkins
(Ammon II)

Hwyliaist o Lerpwl ar fore o Ragfyr,
Blwyddyn o daith, a'r gwyntoedd yn troi,
I ddechrau byd newydd a chladdu'r gorffennol,
Y ddafad golledig o'r gorlan yn ffoi.

Cytgan:

Gadael dy Gymru i ddilyn rhyw freuddwyd,
Gadael y cyfan i geisio lle gwell,
Ni allet ti byth wedi hwylio dim pellach
Na glannau aur melyn Awstralia bell.

Gweithiaist yn galed, y gwerinwr o Gymru,
Rhoddaist o'th orau am damaid o dâl,
Yn hau ac aredig, yn dyrnu a medi,
Yn chwysu dy gorff, yn cwteru a phâl.

Gwelaist a sylwaist ar bethau o'th amgylch,
Ysgrifennaist y cyfan yn dy gofiant fin nos,
Y bardd a'i feddylie a'i bensil a'i lyfre
Yn crwydro gwlad estron a chysgu'n y ffos.

Teimlaist y machlud yn nesu yn dawel,
Lleisiau o Gymru'n dy alw i'w chôl,
'Rôl chwarter canrif o grwydro'r gwastadedd,
Daeth hiraeth am ddychwel i'r gorlan yn ôl.

Yr hen aelwyd, Fferm Blaenplwyf
lle mae fy chwaer a'i theulu yn byw

Fe wnaeth hanes un o blant Blaenplwyf sbarduno cyfansoddi un gân arall hefyd. Roedd Joseph Jenkins yn frawd i Gerngoch. Bryd hynny doedd i'r ffarm ond tua 80 erw er bod Jenkin Jenkins yn gyfrifol am bump o ffermydd llai hefyd, a hynny'n gwneud cyfanswm o tua 230 erw.

Os mai Cerngoch oedd yr enwocaf o'r plant yn Nyffryn Aeron, ac yntau yn wir yn enwog drwy Gymru, ei anturiaethau ar gyfandir arall ym mhendraw'r byd ddaeth ag enwogrwydd i Joseph.

Ganwyd Joseph yn 1818, y pedwerydd o 13 o blant Jenkin ac Eleanor Jenkins. Yn 1846 priododd ag Elizabeth Evans, neu Betty, a oedd yn ail gyfnither iddo, ac ymgymerodd y ddau â ffermio Trecefel yn Nhregaron ar lannau afonydd Brennig a Theifi. Yno ganwyd iddyn nhw naw o blant.

Daeth Joseph yn ffarmwr blaengar, ei wartheg yn ennill gwobrwyon mewn sioeau amaethyddol ac yn denu prisiau uchel mewn marchnadoedd. Yn 1861, dyfarnwyd Trecefel yn ffarm orau Sir Aberteifi. Penodwyd Joseph hefyd yn Gwnstabl y Plwyf.

Ond yn raddol fe wnaeth pethe fynd o chwith. Dechreuodd Joseph gyfeillachu â'r byddigions. Hefyd roedd e'n Undodwr, ond ei gymdogion, gan fwyaf, yn Fethodistiaid. Rhoddodd ei gefnogaeth wleidyddol i'r Torïaid, a'i gymdogion yn Rhyddfrydwyr. Yna cefnodd ar yr Undodiaid a throi at yr eglwys, a dechreuodd yfed yn drwm. Ceid hanesion am drafferthion ar yr aelwyd, gyda rhai o'i blant ei hun yn ymosod arno'n gorfforol.

Roedd Joseph yn grediniol iddo gael ei felltithio o'i enedigaeth gan iddo gael ei eni ar ddydd Gwener, a hwnnw'n ddydd Gwener anlwcus. Fe'i ganwyd â nam ar ei wefus. Credai i hynny ddigwydd am iddo gael ei wasgu tra yng nghroth ei fam. Arweiniodd hyn at iselder ysbryd, rhywbeth a ddioddefodd gydol ei oes.

Yn sydyn un noson, ac yntau'n 51 oed ac wedi treulio ugain mlynedd yn Nhrecefel, cododd ei bac. Daliodd drên i Aberystwyth, lle treuliodd y nos. Drannoeth teithiodd ymlaen i Benbedw lle daliodd gwch i Lerpwl. Yno byrddiodd long oedd yn hwylio i Awstralia.

Glaniodd yn Hobson's Bay, Melbourne ym mis Mawrth 1869 ar ôl hwylio fel teithiwr dosbarth cyntaf. Cymerodd y fordaith 140 o ddyddiau a bu'r llong mewn storm enbyd am dair wythnos wrth wynebu'r 'Roaring Forties', yr enw ar stormydd cryfion yng nghyffiniau Tasmania. Glaniodd y llong yn ddiogel. Ac yn Awstralia, yn byw fel crwydryn a'i bac ar ei gefn, y treuliodd y chwarter canrif nesaf.

Cyrhaeddodd Joseph y wlad bell heb unrhyw gynlluniau. Trodd, â'i bac ar ei gefn, am feysydd aur cyffiniau Castlemaine. Yr enw yn Awstralia am weithiwr crwydrol yw Swagman. Ac fel y Swagman Cymreig y caiff Joseph Jenkins ei gofio o hyd. Canfu nifer o Gymry alltud. Bu'n cystadlu mewn eisteddfodau gan ennill gwobrau barddol. Yn Eisteddfod Ballarat enillodd gystadleuaeth yr englyn deirgwaith ar ddeg yn olynol. Byddai'n barddoni o dan y ffugenw Amnon II ac yn cael ei wahodd i annerch cynulleidfaoedd yno. Un tro, fe wnaeth hynny ar ffurf cerdd o 22 o benillion. Galwad oedd y gerdd i annog y Cymry i gadw'u diwylliant a'u traddodiadau.

Yn 1884 cafodd Joseph waith sefydlog yn glanhau strydoedd Maldon ger Castlemaine. Ac yno bu'n gweithio nes iddo, yn 76 oed, benderfynu dychwelyd i Gymru. Glaniodd yn Tilbury ddechrau mis Ionawr 1895. Yn ystod ei alltudiaeth roedd dau o'r plant wedi marw, sef Lewis yn 1869 yn ugain oed, a Margaret, ei ffefryn, yn 34 oed.

Gwaddol pwysicaf y Swagman fu'r 58 dyddiadur a gadwodd yn ffyddlon o 1839 ymlaen at ddiwedd ei oes yn 1898. Cofnododd y saith dyddiadur cyntaf tra'n byw yn fy hen gartref. Mae ei gofnod cyntaf oll ar Ddydd Calan 1839 yn cyfeirio ato'n dyrnu ac yna'n clirio cerrig ym Mlaenplwyf. Bu'r dyddiaduron a gofnododd yng Nghymru yn magu llwch am 70 mlynedd cyn i ddisgynnydd i'r Swagman ganfod 33 ohonynt mewn atig. Fe'u datgelwyd gan ei ŵyr, y Dr William Evans. Roedd Joseph wedi gadael y 25 dyddiadur a gofnododd yn Awstralia yn niogelwch llyfrgell yn Victoria.

Yna dyma gyhoeddi yn 1998 y gyfrol nodedig *Rhwng Dau Fyd – Y Swagman o Geredigion* gan Bethan Phillips.

Wedyn cafwyd ffilm gan Paul Turner wedi ei seilio ar y gyfrol gyda Dafydd Hywel yn chwarae rhan y Swagman. Yn 1994 codwyd cofeb i'r Swagman ar ffurf ffownten yng ngorsaf rheilffordd Maldon i nodi canmlwyddiant ei ymadawiad ag Awstralia. A bu ei hanes yn rhan o gwricwlwm ysgolion y wlad.

Oni bai am William Evans yn gyntaf, ac yna Bethan Phillips, mae'n bosib na wyddem ni ddim am anturiaethau'r Swagman Cymreig. Yn anffodus mae hanes y Swagman yn fwy cyfarwydd yn Awstralia nag y mae yma yng Nghymru.

Naturiol i fi fu cyfansoddi cân am y Swagman Cymreig. Fe wnes i benderfynu cloi'r gân gyda nodau cytgan 'Waltzing Matilda'. Yna dyma feddwl a oedd y gân honno, sy'n ail anthem genedlaethol i'r Awstraliaid, wedi ei chyfansoddi cyn ymfudiad Joseph Jenkins, neu wedyn? A dyma ymchwilio i hanes y gân honno. Oedd, roedd y gân wedi ei chyfansoddi ychydig cyn i Joseph droi am adre. Mae'r pennill cyntaf yn adnabyddus ledled y byd:

Once a jolly swagman camped by a billabong
Under the shade of a coolibah tree,
He sang as he watched and waited 'til his billy boiled
You'll come a-waltzing Matilda, with me.

Fe'i cyfansoddwyd gan Banjo Patterson, a hynny yn iaith slang Awstralia. Mae'n disgrifio'n berffaith y swagman cyffredin a grwydrai o fan i fan yn cario'i bac a'i lestr berwi dŵr yn chwilio am waith. Y pac a gariai ar ei gefn yw 'Matilda'. Y 'billy' yw'r can berwi dŵr. A 'billabong' yw ffynnon neu lyn bychan.

Rwy'n ei theimlo hi'n fraint i fi gael fy ngeni ar aelwyd lle ganwyd a magwyd pobl fel Cerngoch; Jenkin wedyn, sef perchennog Nans o'r Glyn, a Joseph, y Swagman Cymreig. Ac mae'r cysylltiad yn parhau gan mai ym Mlaenplwyf mae cartref fy chwaer Joyce a'i theulu.

Diolch i gyfrol Bethan Phillips, datgelwyd rhywbeth a fu'n ddirgelwch i fi am flynyddoedd. Ar glos y ffarm mae yna hen adeilad a gâi ei adnabod fel Tŷ Siencyn. Fe fyddwn i'n chwarae yno'n blentyn. Wrth chwarae fe wnes i ganfod nifer o hen boteli inc. Wyddwn i ddim beth oedd arwyddocâd hynny. Ond wedyn dyma ddeall fod y penteulu, Jenkin Jenkins, neu Siencyn, wedi bod yn addysgu rhai o'i blant ar yr aelwyd. Ac yn amlwg, Tŷ Siencyn oedd y stafell ddosbarth. A dyna'r esboniad am yr enw.

Hoffwn feddwl hefyd i ddau fardd y teulu, Cerngoch a Joseph, fod wedi bod wrthi yno'n cyfansoddi cerddi a chaneuon. Mae Joyce wedi adnewyddu'r hen adeilad erbyn hyn. Cerddi i'w canu oedd llawer o gerddi'r ddau a dyma finne, yn fy ffordd fy hun, yn parhau'r traddodiad dros ganrif yn ddiweddarach.

Y Storm

Clywaf y storm y tu allan
Yn rhuo a sathru drwy'r fro,
Ond storm lawer gwaeth na hynny
Ddaeth heibio i mi yn ei thro.

Cytgan:

Cryfach yw'r storm sy'n fy nghalon
Nag unrhyw storm sy' yn y byd,
Noswaith yn unig bâr y storm sy' tu allan
Ond fy storm i a bâr o hyd.

O wynt, os gweli di nghariad
Dwed wrtho am fy nghalon glaf,
Dwed am yr hiraeth sy' arna'i,
Dwed wrtho ddod nôl yn yr haf.

Cytgan

Yfory ni fyddi di'n chwilio,
A heulwen fydd yma'n dy le,
Ond i ni, ar y storm ni bydd diwedd
Nes dychwel yn ôl a wna fe.

Cytgan

Cryfach yw'r storm sy'n fy nghalon
Nag unrhyw storm sy' yn y byd,
Noswaith yn unig bâr y storm sy' tu allan
Ond fy storm i a bâr o hyd.

Fi a'r gitâr gefais gan fy nhad

'Y Storm' oedd y gân gynta erioed wnes i ei chyfansoddi. Ymddangosodd hefyd ar fy record gyntaf, a storm go iawn wnaeth ei hysbrydoli. Roedd hi'n fellt a tharanau. Pymtheg oed own i, yn eistedd ar fy ngwely, yn gwrando ar y storom y tu allan. Dwi'm yn cofio sut wnaeth y peth ddigwydd a dweud y gwir: cadw cwmni i'm gitâr own i, ac yn sydyn, fe ddaeth y gân o rywle – y dôn a'r geiriau gyda'i gilydd.

Fe newidiodd fy mywyd yn llwyr ar fy mhen-blwydd yn bymtheg oed. Dyna pryd brynodd fy nhad gitâr imi. Doeddwn i ddim wedi gofyn amdani, a dwi ddim yn gwbod yn union pam brynodd fy nhad un. Yr unig reswm alla'i feddwl oedd ei fod yn hoff iawn o ganu ac o gerddoriaeth. Dwi ddim hyd yn oed yn sicr o ble gafodd e hi. Fyddai e ddim wedi mynd ymhell, dwi'n gwybod hynny, felly o Lanbed ddoth hi, ma'n siŵr, neu Aberystwyth. Cefais syndod ar fore fy mhen-blwydd a dwi'n cofio cydio ynddi a theimlo ei bod hi fod yn fy mreichiau i. Ystyrir Cymru, yn ystrydebol, yn Wlad y Delyn. Ond yn y chwedegau, Gwlad y Gitâr oedd hi.

O fewn tair wythnos i gael y gitâr ro'n i'n ei chwarae hi ac yn cyfeilio i fi fy hunan ar y llwyfan. Prin y byddai'r offeryn allan o'm dwylo i. Fe fyddwn i'n ymarfer bob munud sbâr, weithiau ar benwythnosau gymaint â naw neu ddeg awr y dydd. Gymaint y byddwn i'n ymarfer fel y byddai pothelli'n codi ar flaenau bysedd fy llaw chwith. Fe fyddai gen i blastar ar bob bys, bron iawn. Tri chord oedd fy eithaf bryd hynny. Ie, tri chord. Cofiwch, mae amryw wedi mynd yn bell â thri chord!

Y noson ddoth y gân, dwi'n cofio ei chwblhau a mynd i'r stafell fyw i'w chanu i Mam a Nhad. Dwi'n cofio hefyd y siom o'u hymateb nhw. Bryd hynny, a'r rhan fwyaf o artistiaid lleol yn canu covers o ganeuon pobl eraill, fe ofynnon a fyddai hi efallai yn well imi ganu caneuon y byddai pawb arall yn eu hadnabod. Poeni oedden nhw y cawn innau siom. Ond fe roedd yna ryw sicrwydd llwyr ynof mai canu fy nghaneuon fy hun oedd y ffordd ymlaen.

Ar ôl y blas cyntaf hwnnw, a theimlo rhyw wefr wrth roi caneuon at ei gilydd, fe ddoth y caneuon yn un rhes. 'Y Weddi', 'Hapusrwydd', 'Merch y Mynydd', 'Gadael Cartref' ac ymlaen ac ymlaen. Mae nifer helaeth o'r caneuon cynnar yna yn dal ar fy nghof, ac ambell un wedi mynd yn angof. Ond y peth a gefais gan y caneuon oedd modd arall i ddianc:

dianc i fydoedd gwahanol. Pan own i'n ysgrifennu'r caneuon, roeddwn i'n credu ynddyn nhw bob gair. Fe fyddwn yn crio pan fydden nhw'n drist ac yn teimlo'n llon os oedden nhw'n rhai hapus. Doedd gen i ddim llawer o brofiad yn un ar bymtheg oed o drafferthion mawr bywyd, ond dwi'n meddwl weithiau fod yna ryw onestrwydd yn dod o hynny. Rhyw naïfrwydd neu ryw ddidwylledd sy'n medru gweithio.

O ran gwrando ar gerddoriaeth, fe fyddai rhai, mae'n siŵr, yn disgwyl y byddai mawrion canu gwlad America ar dop y rhestr. Ond na, rown i'n hoff o Joan Baez, yn casáu'r Beatles. Fe fyddwn i wrth fy modd gydag Aretha Franklin, Marvin Gaye, Otis Redding, Jim Reeves, Elvis, y Supremes a Wilson Pickett. Rhain oedd yr artistiaid fyddai'n fy ysbrydoli. Doedd gen i ddim ffordd o chwarae recordiau bryd hynny, felly doedd gen i ddim rheolaeth dros beth fyddwn i'n gwrando arno. Rhaid fyddai dibynnu ar hen radio, a'r donfedd weithiau yn ddigon anwadal.

Ar ôl casglu gwerth rhyw hanner awr o ganeuon, fe gefais gyfle i ganu mewn cyngerdd ym Mydroilyn. Roedd grŵp ohonom yn canu gyda'n gilydd erbyn hynny fel rhyw barti noson lawen: Mair a Beti, yr efeilliaid, a Lee a Melville. Ac o hynny, fe gefais y cyfle i ganu ar fy mhen fy hun. Dwi'n cofio'r tro cyntaf hwnnw imi ganu ar ben fy hun. Teimlo rhyw ddihangfa. Teimlo fy mod wedi mynd i ryw fyd arall am hanner awr. Ac ar ôl canu, ar ddiwedd y noson, fe fyddwn yn 'uchel', bron fel petawn i ar ryw gyffur. Dwi'n cofio'r holl nosweithiau ar ôl cyrraedd adref yn hwyr yn y nos ac yna'n methu'n deg â gorffwys a chysgu am oriau wedyn. Fe fyddai'r gynulleidfa wedi hen fynd adre a mynd i'r gwely a chysgu, ond fe fyddwn innau yn dal ar fy nhraed a'r endorffins a'r adrenalin yn dal i bwmpio.

Y Llun

Mae 'na lun yn fy llaw o bapur
Ac arno dy wyneb di,
Rhaid ei roi yn y tân a'i losgi yn fân
I mi gael d'anghofio di.

Cytgan:

Ond y peth sy'n fy mhoeni fwya,
A'r llun yn ulw wen,
Fe allwch losgi papur
Ond be' wna'i â'r llun sy'n fy mhen?

Yn y dydd mae'r llun yn cilio
A'th wyneb yn llwyd yn y niwl,
Ond ar amrant y nos, atgofion mor dlos,
Daw'r llun eto'n llachar ei liw.

Cytgan

Mae fy ffrindiau i gyd yn dywedyd,
'Dal ati, fe ddaw pethe'n well'
Ar ôl hyn o dro, cilio wna'r co'
A'r llun wedi'i ddileu ymhell.

Cytgan

Ond y peth sy'n fy mhoeni fwya,
A'r llun yn ulw wen,
Fe allwch losgi papur
Ond be' wna'i â'r llun sy'n fy mhen?

Canu ym Mhrestatyn adeg gŵyl canu gwlad yno

Unwaith roeddwn i wedi dysgu cân, fe fyddai ar fy nghof i wedyn yn weddol ddiogel. Mae gen i ryw ffordd o weld mewn delweddau. Galla'i ddim ag esbonio'r peth o ddifri. Fel y gwnes i sôn, dwi'n medru codi tôn a chofio geiriau yn o gyflym, ac oherwydd hynny rwy'n disgwyl bod pawb arall yn siario'r un gynneddf, a bod cof da felly gan bawb. Nid felly mae hi, wrth gwrs. Ond mae'r disgwyliadau hyn wedi gwneud i fi gasáu gweld perfformwyr sy'n canu allan o gopi. Nid casáu'r perfformwyr ond yn hytrach casáu'r arfer o fod yn gaeth i ganu o gopi. Mae fy athroniaeth i'n syml. Os nad yw cân yn ddigon da i'w dysgu, yna peidiwch â'i chanu. Fe gewch rai sy'n gorfod darllen copi wrth ganu caneuon cwbwl gyfarwydd – 'Calon Lân', er enghraifft. Mae gen i reol euraid na wna'i ganu unrhyw gân os nad ydw i'n gwybod y geiriau. Petawn i'n feirniad canu, wnawn i ddim ystyried neb sy'n canu allan o gopi. Diogi yw peidio â dysgu geiriau cân. Diogi, a diffyg parch i'r cyfansoddwr.

Yn yr ysgol fach, pan fyddai'r plant yn chwarae amser cinio, fe fyddai Mrs James a'r athrawon eraill yn gofyn i fi ganu gwahanol ganeuon iddyn nhw o gof. Fe wnes i berfformio mewn ambell i gwrdd cystadleuol, diolch i Mrs James. Fe fyddwn i'n mwynhau'r canu ond ddim y cystadlu. Roedd Mrs James yn teimlo fod gen i ryw fath o dalent ac fe wnâi hi roi pob cyfle posibl i fi. Fe fyddwn i'n perfformio mewn cyngherddau wedyn, y cyngerdd Nadolig yn arbennig. A thrwy'r cyfan roedd cof da yn gymorth mawr.

Yn blentyn fe fyddai nifer o gyfleoedd i ganu y tu allan i'r ysgol hefyd. Fe fyddwn i'n perfformio yn y capel, sef capel yr Annibynwyr, Ty'n-gwndwn i ddechrau. Capelwraig oedd Mam. Rwy'n cofio mynd i festri fach Eglwys Ystrad yn rheolaidd. Wedyn, gan mai eglwyswr oedd fy nhad, fyddwn i'n mynd i fanno weithiau hefyd. Yno hefyd fe fyddwn i'n mynd yn wythnosol i gyfarfodydd Cymry'r Groes.

Roedd yna draddodiad yn Nhy'n-gwndwn o lwyfannu drama bob nos Nadolig a noson Gŵyl San Steffan yn Neuadd Felin-fach gydag actorion lleol fel Aeron a Gret yn cymryd rhan. Mae'n anodd credu bod y perfformiad dan ei sang bob blwyddyn a hwnnw yn cael ei gynnal noson Nadolig! Dwi'm yn meddwl y byddai hynny byth yn digwydd heddiw. A dyna'r profiad cyntaf ges i erioed o weld pobol ar lwyfan. Ro'n i wrth fy modd yn gwylio dramâu fel 'Pobol yr Ymylon'. Yn wir, fe gafodd y ddrama honno gan Idwal Jones ei hatgyfodi'n ddiweddar gan griw presennol Theatr Troedrhiw dan arweiniad Euros Lewis. Dwi'n cofio'r cyffro; y teimlad o berfformiad byw. Perfformiad fyddai'n wahanol bob nos, perfformiad peryglus lle gallai unrhyw beth fynd o'i le. Perfformiad lle roedd angen cofio geiriau. Perfformiad allai fynd un ffordd neu'r llall.

Bryd hynny, wrth gwrs, fyddai pawb yn mynychu'r Clwb Ffermwyr Ifanc. Felin-fach oedd y clwb lleol, ac fe fyddwn yn cael cyfleoedd i ganu ymhobman, a rhyw ddod i arfer â pherfformio. Yn y neuadd y byddem yn cwrdd, a bryd hynny roedd y clwb yn gryf iawn. Dwi'n cofio cymryd rhan yng nghystadleuaeth Hanner Awr o Adloniant dan arweiniad Muriel Lloyd, ac ennill dros Gymru. Roedd yn rhaid mynd wedyn i Malvern i gystadlu dros Brydain – anodd iawn oedd gwneud marc yn y fan honno a ninnau yn perfformio trwy gyfrwng y Gymraeg! Fe fyddwn i hefyd yn un o ffyddloniaid Aelwyd yr Urdd yn Gorsgoch lle byddai Sadie Jones yng nghanol pob gweithgaredd.

Roedd mynd i ysgol Gyfun Aberaeron yn anodd dros ben. Dwi'm yn credu imi weld cymaint o blant gyda'i gilydd mewn un lle erioed. Dal y bws *double decker* yn Llanllŷr neu New Inn ac os byddai'n bwrw glaw yn New Inn, fe fyddai Tom a Gret Jenkins yn gadael imi gysgodi ym mhortsh eu tŷ gyda Muriel, eu merch, fyddai'n dod i'r ysgol hefyd. Roedd yn braf cael lloches ar fore garw a gwlyb ac aroglau brecwast a chartref cysurus yn llanw'r lle. Ar ôl cyrraedd yr ysgol roedd gwasanaeth, ac yna gwersi. Dwi'm yn credu imi wneud rhyw lawer yn y blynyddoedd cynnar; dim ond gwrando a gwylio a ffeindio fy ffordd. J T Owen oedd y prifathro bryd hynny, a hwnnw'n brasgamu ar hyd y coridorau mewn gŵn academaidd du.

Fe ofynnais ar ddechrau Dosbarth 3 a gawn i ymuno â'r côr. Dwi ddim yn meddwl fod neb yn gwybod fy mod yn canu hyd hynny, ac mae'n rhaid imi gyfaddef i bethau dechrau gwella ar ôl hynny. Fe ddechreuais fwynhau'r ysgol, cael cymryd rhan yn eisteddfod yr ysgol ac mewn partïon canu. Mae'n well imi sgipio dros y gwersi chwaraeon yn o handi gan nad oedd gen i ddawn na diddordeb ym myd y bêl. Roeddwn yn cael gwersi piano o hyd, yn gyntaf gyda Mary Joiner yn Silian ac yna gyda Miss Parry yn Aberaeron. Fe basies arholiad Gradd 7, ond doeddwn i byth yn hapus i chwarae o flaen bobl eraill. Efallai na wnes i ymarfer ddigon. Ta beth, fe ddoth dyddiau ysgol yn haws wrth fynd yn eu blaenau; fe fues yn dysgu caneuon newydd gydag Elaine Lewis, ac yn canu deuawdau gyda Yolande Jones o Gei Newydd gan fynd i eisteddfodau yn y fan hyn a'r fan draw. Roedd gan Yolande lais contralto hyfryd. Mi fues yn gapten ar Dŷ Tanyfron, ac fe fuon yn ddigon lwcus i ennill y flwyddyn honno.

Roedd cof da yn fantais amlwg wrth adolygu ar gyfer arholiadau, wrth gwrs. Roedd mathemateg, yn arbennig jiometri ac aljibra, yn gwbwl annealladwy i fi. Ond am bynciau eraill, doedden nhw ddim yn broblem. Fe wnes i basio naw pwnc yn Lefel 'O'. Fe wnaeth un athro yn arbennig, un nad oedd llawer o'r disgyblion yn ei hoffi, grynhoi'r athroniaeth angenrheidiol i ychydig eiriau.

'Dydi arholiadau ddim yn broblem os ydych chi'n gwybod eich gwaith. Dy'n nhw ddim ond yn broblem pan nad y'ch chi'n gwybod eich gwaith.' Wnes i byth anghofio hynny. Athroniaeth chwerthinllyd o syml, ond gwir bob gair. Cefais gyfle i fynychu'r coleg yng Nghaerfyrddin ar ôl dyddiau ysgol, ond fe wrthodais fynd oherwydd ei fod lawer yn rhy bell! Ie, roedd rhyw bum milltir ar hugain yn llawer gormod imi ei stumogi bryd hynny!

Erbyn i fi gael gitâr roedd yr hyn a ddisgrifir fel oes aur y canu pop Cymraeg eisoes wedi gwawrio: yn wir, wedi ffrwydro fel storm. Roedd yn ffenomen ryfeddol yn ei hanterth, ac erbyn imi gyrraedd diwedd yr ysgol gyfun roeddwn yn cael gwahoddiadau i'r fan hyn a'r fan draw. Cofiaf imi gael gwahoddiad i fynd ar y 'Trên o Gân' o Aberystwyth i Bontarfynach. Rhaglen deledu oedd hi, ag artistiaid yn canu ar y trên wrth i hwnnw deithio drwy'r cwm. Cofiaf ganu arno gyda nifer o artistiaid lleol eraill fel Tannau Tawela, y Perlau, Rosalind Lloyd a'r Tlysau.

Wrth i ddyddiau ysgol ddod i ben, roeddwn i wrth fy modd yno, yn rhannol oherwydd bod John (fy narpar ŵr) wedi dechrau gweithio yn y labordai yn yr ysgol! Gan ein bod wedi cyfarfod mewn dawns yn Felin-fach erbyn hynny, roedd ein carwriaeth wedi dechrau ac fe fyddem yn cyfarfod yn y coridor gwaelod bob amser cinio! 'Puppy love' efallai, ond un sydd wedi para yn o hir!

Teimlad Cynnes

Wel mae 'na deimlad cynnes yn llanw nghalon i,
Bob tro pan ddei di'n ôl o'th waith i mewn i'r tŷ.
Ni wn am air i alw'r teimlad a gaf i,
Ond mae rhyw deimlad cynnes yn llanw nghalon i.

Gwag oedd fy mywyd cyn cwrdd â thi,
Ni wyddwn ble i droi, trois i atat ti,
Agoraist newydd fyd, ymlaen yr awn,
Dwy galon fydd yn un, a'r cariad fydd yn iawn.

Roedd gen i lawer ffrind, ond neb fel ti,
Cael dawns gan hwn a'r llall, cael hwyl a sbri,
Cael digon wnes ar hyn a chwilio am well,
Ond unig fûm am dro, a chariad yn bell.

Gwelais dy lygaid, clywais dy lais,
Gofynnaist am y ddawns, derbyniais dy gais,
Ac yn dy freichiau di fe wyddwn i yn iawn,
Pan ddaeth y teimlad cynnes a llanw nghalon yn llawn.

Diwrnod ein priodas ym mis Mai 1972 yn Eglwys Ystrad Aeron

Cân i John y gŵr yw hon. Fe ddechreuais i a John ganlyn pan nad o'n i ond pymtheg oed. Mae gan gantorion proffesiynol asiant, rheolwr a 'roadie' sy'n cario a gosod yr offer. Roedd John yn hyn i gyd yn ogystal â chariad a ffrind.

Bachgen lleol yw John, ac fe fydden ni'n troi yn yr un cylchoedd, yn aelodau o'r Aelwyd a mudiad y Ffermwyr Ifanc fel ymron bawb o ieuenctid y bröydd hyn, ac yn arbennig yn mynychu dawnsfeydd yn neuadd Felin-fach. Roedd hwn yn gyfnod cyffrous i ganu pop Saesneg hefyd, wrth gwrs, a ninnau'n dawnsio i nodau bandiau fel y Nightriders, y Xenons a Smokestack, bandiau o Aberystwyth fyddai'n chwarae caneuon poblogaidd y dydd. Yn wir, fe wnaeth Smokestack ailffurfio'n gymharol ddiweddar a chyhoeddi record.

Oedd, roedd gan y bandiau enwau rhyfedd. Ond roedd Cwmni Cambrian yn awyddus i fi newid fy enw. Fe ddigwyddodd hynny, wrth gwrs, yn hanes Helen Wyn, a drodd i fod yn Tammy Jones. Roedden nhw'n teimlo fod Doreen Davies yn enw rhy gyffredin: rhy gomon, hwyrach; ddim yn enw fyddai'n gwerthu recordiau. Fe wrthodais i'n bendant.

Cofiwch, pam wnaeth Mam benderfynu fy enwi i'n Doreen, does gen i ddim mo'r syniad lleiaf. Ond roedd yna duedd bryd hynny i roi i blant Cymraeg enwau Saesneg. Dyna i chi fy chwaer Joyce wedyn. Ond enw Gwyddelig, nid enw Saesneg, yw Doreen, a'i ystyr yw 'Dora Fach'. Fe fyddwn i'n falch petai Mam wedi fy medyddio ag enw Cymraeg. Ond nid fi oedd â'r dewis. Ac o gael yr enw Doreen, os oedd e'n ddigon da i Mam, yna roedd e'n ddigon da i fi. Cofiwch, ro'n i'n berffaith fodlon newid fy nghyfenw o Davies i Lewis pan briodais â John. Ond roedd Doreen i aros.

Ar ôl cyfarfod mewn dawns yn Felin-fach, fe fuon yn caru am bum mlynedd cyn priodi. Roedd gen i ryw chwiw yn fy mhen fy mod i ddim eisiau priodi cyn fy mod yn un ar hugain! Pam? Peidiwch holi. Rhyw deimlad fod unrhyw beth dan un ar hugain yn llawer rhy ifanc! Cefais groeso cynnes iawn ar aelwyd John sef Gafryw Ucha (neu Plas) gyda Mair a Dai, ei fam a'i dad.

Mae'n rhyfedd pan mae rhywun yn cyfarfod â'u cariad yn ifanc iawn, mae'ch rhieni yng nghyfraith yn eich gweld yn tyfu ac yn aeddfedu, yn magu plant ac yn symud ymlaen: yn ail set o rieni i bob pwrpas. Gallwn i ddim bod wedi bod yn fwy lwcus ohonyn nhw. Fe fuon nhw'n gefnogol ac yn gymorth aruthrol gyda'r plant wrth i'r rheini dyfu, a'r oriau gwaith wrth ganu ddim cweit yn asio gyda magu plant. Cafodd John ei fagu yn debyg iawn i minnau, gyda'r pwyslais ar deulu, ar weithio'n galed a chael hwyl diniwed. Er mawr dristwch inni, fe gollon Mair, mam John, yn gynharach eleni, ychydig wythnosau yn unig cyn colli fy mam innau. Fe fydd bwlch mawr ar ei hôl. Mae John yn ddyn dibynadwy, yn angor ac yn bwyllog – rhinweddau pwysig mewn partner oes.

Fe wnaethon ni fyw yn Aberaeron, mewn tŷ o gwmpas Sgwâr Alban, am bron i un mlynedd ar bymtheg ar ôl priodi. Mae gen i gariad mawr at y dref hyd heddiw, ac at y gymdeithas glòs sy'n byw yno. Roedd John ar y pryd yn gweithio fel Biocemegydd yn Ysbyty Bronglais. Ei waith oedd tynnu gwaed a gwneud profion ar y samplau. Byddai 'on call' drwy'r nos, ac yntau'n gorfod teithio'r A470 o Aberaeron i Aberystwyth hyd at ddwy neu dair gwaith y noson ambell waith.

Cefais innau swydd ym manc Nat West yn Nhregaron.

Fe fyddwn yn gyrru yno o Aberaeron yn fy Mini bach gwyn. Dyna gyfnod hapus oedd hwnnw, yn gweithio gydag Elfyn Thomas, Ken John a Gwilym Oliver. Mae hi'n anodd credu, ond roedd yna dri banc yn Nhregaron bryd hynny lle does yna'r un erbyn heddiw. Fe fyddai'r dre yn llawn bwrlwm, yn enwedig ar ddiwrnod mart a chymeriadau hwyliog ymhobman. Bryd hynny, roedd y banc yn edrych ar eich ôl chi, yn cynnig tâl teg a morgeisi rhad i'w gweithwyr. Mor wahanol mae pethau heddiw. Doedd dim cyfrifiaduron wrth gwrs, dim ond rhyw ledjers anferthol o drwm. A bob nos, ar ôl i'r banc gau, byddai'r ledjers yn dod allan a phawb yn gweithio ar y rhifau yn tynnu ac yn adio arian y dydd â llaw.

Dwi'n cofio'r cyfrifiadur (syml) cyntaf yn cyrraedd yn 1972: rhyw beiriant fyddai'n torri tyllau i mewn i rilen o bapur glas trwchus rhyw fodfedd o led. Dwi'n cofio Mr Thomas yn martsio o'i gwmpas yn syllu arno gan dynnu ar ei bib, ac yn dweud bod rhaid inni i gyd ddod i ddeall y peiriant newydd rhyfedd yma. Ar ddiwedd y dydd, fe fyddai'n rhaid tynnu'r rhuban o bapur allan ohono a mynd ag ef yr holl ffordd i lawr i Lanbed er mwyn ei fwydo i mewn i ryw beiriant arall, a danfon y wybodaeth trwyddo i'r Brif Swyddfa.

Fe wawriodd cyfnod y *decimalisation* hefyd tra mod i yno, sef symud o'r hen arian i'r arian newydd. Felly nid 240 ceiniog fyddai mewn punt mwyach ond 100. Roedd hanner coron yn 30 ceiniog, ac wyth o'r rheini mewn punt yn yr hen arian. Roedd cryn dipyn o waith addasu popeth (yn cynnwys ein meddyliau!) i ddod i arfer â'r sustem newydd.

Priodi fu ein hanes ar y 6ed o Fai 1972 yn Eglwys Sant

Mihangel Ystrad Aeron, Felin-fach, gyda Cyril Bevan y ficer yn gweinyddu, a chael y brecwast ym Mlaendyffryn. Bu Joyce, wrth gwrs, yn forwyn priodas, ynghyd â Marlene Jenkins o Dregaron a Wendy Evans, cyfnither John. Aneurin Davies, ei gefnder, oedd gwas priodas John. Fe aethon ar ein mis mêl i Lundain, a dim un o'r ddau ohonom wedi bod yno o'r blaen. Bryd hynny, roedd parau priod yn gadael y parti priodas amser te, yn newid i mewn i'r *'going away outfit'* ac yn gadael y gwesteion i ddathlu hebddyn nhw! Fe arhoson ni yn yr Ivy Bush yng Nghaerfyrddin a dal y trên i Lundain y bore wedyn. Bu'n rhaid i fi fynd â'r gitâr gyda fi. (Mae John wedi gorfod dioddef presenoldeb y gitâr rhyngom erioed!). Roedd Theatr Felin-fach yn agor ar y 15fed o Fai 1972 a minnau'n gorfod dysgu cân ar gyfer y cyngerdd agoriadol. Cael gafael yn y gwesty yn Llundain drwy hysbyseb yn y *Cambrian News* wnaethon ni. Mor ddiniwed oedden ni'n dau!

Mae Theatr Felin-fach wedi bod yn ganolog i Ddyffryn Aeron ers hynny, ac fel trigolion yr ardal i gyd, ry'n ni fel teulu wedi cael modd i fyw ynddi. Mynd i weld y pantomeim bob blwyddyn, a gwahanol sioeau eraill. Roedd drama radio Bont Lwyd yn cael ei recordio yn wythnosol yn y Gwndwn ar safle'r Theatr am 17 o flynyddoedd o 1993 hyd 2010, ac am gyfnod fe fues i'n helpu. Fy ngwaith i oedd ffonio'r actorion a threfnu'r amserlenni tra bod Euros Lewis yng ngofal y sgriptwyr. Pobol leol oedd yr actorion i gyd, yn rhoi o'u hamser i greu. A dyna yw mawredd llefydd fel Theatr Felin-fach. Maen nhw'n adnodd i roi mynediad i'r celfyddydau i bawb yn y gymuned. Mae Dyffryn Aeron yn llawn o bobol greadigol sydd efallai ddim yn cael cyfle i ddangos hynny yn eu bywydau beunyddiol. Ond mae adnodd fel theatr gymunedol yn gadael iddyn nhw arbrofi, datblygu a chael hwyl mewn awyrgylch gefnogol. Roedd Euros Lewis wrth lyw'r theatr bryd hynny, ac yn gwneud gwaith arloesol yn y gymuned, ac mae Dwynwen Lloyd Llewelyn yn cario hynny ymlaen heddiw.

Gan fy mod wedi cael fy enwi yn 'Frenhines Canu Gwlad Cymru' fe benderfynodd y Theatr, mewn cydweithrediad â Radio Ceredigion, drefnu noson imi i ddathlu 25 mlynedd ym myd adloniant gan fy nghoroni yn swyddogol! Cafwyd cyngerdd a chanu gan artistiaid fel Traed Wadin, Ifan Tregaron a Ffion Lewis, ac ar ddiwedd y noson cefais fy nghoroni gan yr AC Elin Jones! Noson tafod yn y foch oedd hi, ond fe lwyddon i godi swm sylweddol ar gyfer Radio Ceredigion ac fe fu'n deyrnged hwyliog iawn.

Diwrnod arall i'w gofio yn y theatr oedd cael fy nhwyllo yn llwyr gan Arfon Haines Davies. Roedd ganddo raglen deledu ar y pryd lle roedd e'n rhoi syrpreis pen-blwydd i westeion, sef *Pen-blwydd Hapus*! Roeddwn i'n siopa yn ddiniwed yn Aberaeron pan dapiodd Arfon ar fy ysgwydd. Fe aeth â mi wedyn i'r theatr. Ac yno tu ôl i'r adeilad roedd balŵn lliwgar prydferth! Dyma ni'n mynd wedyn i hedfan i fyny dros Ddyffryn Aeron a gweld yr ardal yn ei gogoniant o ganol y cymylau! Y noson honno, fe gafon baned a chanu yn y theatr a phawb yn hel atgofion gyda'n gilydd. Y sioc fwyaf gefais i oedd bod pawb yn gwybod am y cynllwyn ond y fi! Pwy feddyliai fod eich teulu a'ch ffrindiau yn medru celu'r fath bethau oddi wrthoch!

Cael fy 'Nghoroni' yn Frenhines Canu Gwlad gan
Elin Jones, Aelod Cynulliad Ceredigion yn Theatr Felin-fach

Llwybrau'r Fro

Gerllaw y Teifi magwyd fi
Yng nghlyw ei miwsig llon,
Mi dreuliais oriau, fi a Bess
Wrth lannau llonydd hon
Yng nghwmni'r adar mân a'r haul
A'r blodau gwyllt eu lliw
Yn llanw'r fro â'u dryswch hardd
A rhoddi modd i fyw.

Cytgan:

Daw hiraeth ambell dro
Am olrhain llwybrau'r fro,
O'r Aeron hardd i'r Aeron dlos
A'r ffrindiau ddaw i'm co'.

Uwchlaw yr Aeron magwyd fi,
Rhy bell o sŵn ei chân,
Ond gallwn weld ei rhinwedd hardd
Bob dydd o'm aelwyd lân,
Cawn weled lliwiau'r dail yn troi
O wyrdd i goch a du,
A tharth y bore'n gwrlid gwyn
Yn gorffwys arni hi.

Cytgan

Tan leuad wen neu ganol dydd,
Mewn storm neu burlas nen
Daw'r hen atgofion am fy mro
Yn lluniau yn fy mhen,
Mae rhai am grwydro 'chydig bach
A rhai sy'n dal 'ma'n byw,
Ond cyfeillgarwch bore oes
Sy'n dal o hyd yn fyw.

Cytgan

Daw hiraeth ambell dro
Am olrhain llwybrau'r fro,
O'r Aeron hardd i'r Aeron dlos
A'r ffrindiau ddaw i'm co'.

Rosalind a finne a Wyn o Fflach yn cael hwyl ynghanol y recordio!

Recordiwyd y gân hon fel deuawd, gyda fi a Rosalind yn cyfuno. Fi fu'n gyfrifol am y geiriau a Rosalind wnaeth ffeindio'r alaw, sef 'The Rose of Allendale'. Hen gân Saesneg yw hi, er bod llawer yn meddwl ei bod hi'n gân werin o Iwerddon; hynny, siŵr o fod, am i gerddorion fel y Dubliners, Paddy Reilly a Mary Black ei recordio. Mae eraill yn meddwl mai cân o'r Alban yw hi. Ond na, mae Allendale yn ardal Northumberland.

Fe fu Rosalind a fi'n ffrindiau mynwesol o ddyddiau ieuenctid. Roedd y ddwy ohonom, er mai yn Llanbed wyth milltir i ffwrdd roedd ei chartref hi, yn aelodau o Glwb Ffarmwyr Ifanc y Felin-fach ac yn cydganu'n rheolaidd yng ngwahanol weithgareddau'r clwb.

Ar y record, Rosalind sy'n canu'r pennill cyntaf a fi yr ail gyda'r ddwy ohonon ni wedyn yn ymuno yn y trydydd pennill. Mae'r pennill cynta'n addas iawn i Rosalind gan iddi adael ei bro am Lanberis, ac wedyn Pwllheli, wedi iddi briodi â Myrddin o Hogia'r Wyddfa. Ac mae'n siŵr ei bod hi'n hiraethu weithiau am yr hen lwybrau. Gyda llaw, labrador du'r teulu oedd Bess, sy'n cael sylw yn y gân.

Er na wnes i ddim erioed adael Dyffryn Aeron mae geiriau'r ail bennill yn addas. Mewn gwirionedd, nid hiraeth am fro sydd gen i yma ond hiraeth am yr hyn a olygai'r fro yn nyddiau plentyndod. Ac mae hiraeth, wrth gwrs, yn rhan annatod o draddodiad canu gwlad.

Cyn iddi ddod yn seren yn y byd pop, roedd Rosalind wedi dod yn ffigwr amlwg a llwyddiannus iawn yn y cylchoedd eisteddfodol. Roedd ei mam, Muriel, yn eisteddfodwraig o fri, a byddai hi a'i chwaer Wynne yn canu deuawdau mewn eisteddfodau ledled y sir a thu hwnt. Byddai'r teulu'n mynychu eisteddfodau ledled Cymru.

Fe wnes i gystadlu mewn eisteddfodau, do, ond doedd cystadlu ddim yn eistedd yn esmwyth, rywfodd. Fe ges i wersi gan Muriel, mam Rosalind. Ond roedd tuedd i gystadleuwyr y gwahanol eisteddfodau, llawer yn derbyn hyfforddiant gan yr un athro neu athrawes, swnio oll yr un fath. Ro'n i, ar y llaw arall, am wneud pethe yn fy ffordd fy hunan. Y gwir amdani yw i fi fynd ar streic. Ac fe ddaeth fy ngyrfa eisteddfodol i ben cyn iddi ddechrau, i bob pwrpas.

Er fy mod i'n mwynhau cwmni Muriel Lloyd a'r teulu, un peth na fedrwn i byth ei oddef oedd gorfod cael fy hyfforddi i ganu. Unwaith eto, fy styfnigrwydd i fy hunan oedd y tu ôl i hyn. Fy nheimlad i, o'm plentyndod, oedd y dylwn i ddilyn fy ngreddf. Roedd gen i ryw awydd i dorri fy nghwys fy hun. Mae hyfforddwr neu hyfforddwraig yn mynnu i chi wneud pethe yn ôl eu dehongliad nhw. Maen nhw'n aml yn eich mowldio chi i'w delwedd nhw; yn anfwriadol, mae'n debyg. Fe fyddwn i felly yn gwneud pethe fy ffordd fy hun, ond yn cael pregeth wedyn am wneud hynny. Roedd cael canu yn eich ffordd eich hun yn gwneud synnwyr perffaith i mi, er nad oedd pawb arall yn cytuno.

Cantores eisteddfodol ddigon anfoddog fues i felly, ac am gyfnod byr yn unig. Ond rwy'n cofio'r hen ddarnau o hyd, 'Mae Mam wedi gadael y tŷ yn y bore' a 'Mae gen i farch glas, a hwnnw'n towlu.' Caneuon traddodiadol o'n nhw i gyd bryd hynny.

Ar yr albwm *Llwybrau'r Fro* fe wnaeth Rosalind a finne recordio dwsin o ganeuon. Yn 1992 oedd hyn, a'r ddwy ohonon ni wedi recordio'r gân ar albwm fel deuawd cyn hynny; ar *Cardis ar Gân*. Ond ar yr albwm *Llwybrau'r Fro* nid ni'n dwy yn unig sy'n cyfrannu. Gyda ni yn Stiwdio Fflach yn Aberteifi roedd Hogia'r Wyddfa, Vernon Maher – un hanner o Vernon a Gwynfor – Côr Ysgol Gynradd Aberteifi, Deian mab Rosalind a Caryl y ferch. Pawb yn un cwmni hapus

Mae 'Llwybrau'r Fro' yn cyfleu fy nghariad at Ddyffryn Aeron. Mae hi'n ategu'r cyfeillgarwch rhwng Rosalind a fi. Yn stiwdio Fflach yn Aberteifi y recordiwyd y gân, a Richard a Wyn yn gwneud yn siŵr bod y profiad yn un hapus a bythgofiadwy.

Hapusrwydd

Pe bae ti fy nghariad yn fy ngadael i,
O wylo am wythnos a wnaethwn i,
Fy nghalon fach i a dorre' yn ddwy,
Ac ni fyddai bywyd yn werth byw mwy.

Cytgan:

Hapusrwydd imi yw dy gariad di,
Paid â'm gadael i,
Paid byth â'm gadael i.
Hapusrwydd imi yw dy gusan di,
Paid â'm gadael i,
Paid byth â'm gadael i.

Meddyliaf amdanat bob dydd a nos,
Gan weld dy wên sydd imi mor dlos,
Rwy'n cyfri'r munudau a'r eiliadau,
Hyd nes y byddaf eto yn dy freichiau.

Mae'th gusan mor felys, mae'n fy ngwneud i'n wan,
Mae'n cynhesu fy nghalon ac yn cynnau'r fflam,
Ni allwn garu neb arall ond y ti,
Fy nghariad annwyl, dy eiddo wyf fi.

Cytgan:

Hapusrwydd imi yw dy gariad di,
Paid â'm gadael i,
Paid byth â'm gadael i.
Hapusrwydd imi yw dy gusan di,
Paid â'm gadael i,
Paid byth â'm gadael i.

Y ddisg aur a gefais gan Sain

Fe fues yn ffodus o gael fy nal yng nghorwynt oes aur y canu yng Nghymru. Roedd yna ryw gynnwrf yn y gwynt, rhyw deimlad fod pethau yn digwydd. Dwi'm yn meddwl bod cyfnod tebyg wedi bod ers hynny. Pam? Am fod pobol yn gyndyn heddiw i fynd allan i wrando ar gerddoriaeth. Mae pawb yn eistedd ar y soffa yn 'streamio' eu cerddoriaeth neu'n gwylio fideos ar YouTube. Mae'r sin gerddoriaeth wedi newid yn llwyr. Bryd hynny, byddai cannoedd yn troi allan bob penwythnos i wrando ar y gerddoriaeth ddiweddaraf.

Y Meca, wrth gwrs, oedd y Pafiliwn Mawr yn y Bont gyda'r Pinaclau Pop a'r Tribannau Pop. Fe fyddai'r lle dan ei sang. Cynhelid nosweithiau pop yno tuag unwaith y mis a deuai bysys yno o bob rhan o Gymru. Ac er mor fawr oedd y pafiliwn – roedd yna le i dair mil – roedd gofyn bod yno'n gynnar i gael sedd. Y tro cyntaf wnes i berfformio yno fe ges i dâl o ddwybunt.

Ond nid yr arian oedd y peth pwysig. Roedd e fel rhyw ddiwygiad cerddorol a sgubodd drwy'r wlad. Un o'r nosweithiau mwyaf cofiadwy yn y pafiliwn mawr oedd cyngerdd Byd Bont, menter i godi arian ar gyfer tlodion y Trydydd Byd Medi 1985. Rhyw efelychiad o 'Live Aid' oedd hwn, pum awr o adloniant am bumpunt. Mae rhaglen y noson gen i o hyd, honno'n rhestru sêr y cyfnod. Finne'n cael fy hun ymhlith enwau fel Delwyn Siôn, Ruth Barker, Ifan Tregaron, Roslaind a Myrddin, Hogia Llandegai, Dilwyn Edwards, Vernon a Gwynfor, Traed Wadin, Tecwyn Ifan, Mynediad am Ddim, Idris Charles, Dai Jones, Tony ac Aloma, Eirlys Parry, Hywel Gwynfryn, Trebor Edwards, a Dafydd Iwan. Roedd yno nifer o gorau'n perfformio hefyd.

Fe fyddai'r Majestic yng Nghaernarfon, Pafiliwn Corwen a neuaddau bach a mawr drwy Gymru benbaladr hefyd yn orlawn. Roedd yna fannau poblogaidd hefyd yn ardal Llandudno. Yn wir, roeddwn i'n tueddu i berfformio mwy yn y gogledd a'r canolbarth nag yn y de. Byddai galwadau'n dod yn aml o Sir Fôn, ac o Ben Llŷn yn arbennig. Yn nes adre, fe wnes i berfformio am sawl tymor haf cyfan yng nghlwb Hollymarine yn y Cei Newydd hefyd: dau berfformiad, fi a'r Tannau Tawela yn cynnal dau berfformiad ar ddwy noson o'r wythnos. Dechrau ym mis

Mai a gorffen ym mis Medi. Roedd merched Tannau Tawela yn gymdogion i fi yn Silian. Enw'r nant sy'n llifo drwy'r fro honno yw Tawela.

Hefyd mi fues am flynyddoedd bob haf yn diddanu yng Nglan y Môr, Clarach a pherfformio nosweithiau Cymraeg yng Nghwmni Glyn Jones a'i wraig Lona, ac weithiau Delyth, Telynores Mynach. Byddai Glyn yn arwain ac yn clocsio. Roedd ganddo ddawn arbennig gan lwyddo bob amser i ennill ei gynulleidfa. Lona wedyn yn dawnsio a chanu. Roedd y ddau'n ganolog yn nosweithiau adloniant yr Urdd yn y King's Hall, Aberystwyth. Gadawodd Glyn fwlch mawr ar ei ôl.

Ddiwedd y chwedegau ac ymlaen roedd y sin bop Gymraeg yn ferw. Roedd yna gylchgronau pop Cymraeg oedd yn hynod boblogaidd. Y cyntaf oedd *Asbri* ar ddiwedd y chwedegau. Fe ddaeth eraill, a'r rheiny'n llawn hanesion a lluniau gan ffotograffwyr a oedd eu hunain yn rhan o'r sin. Yr amlycaf oedd Ray Daniel o Landdewibrefi. Roedd Ann James wedyn yn tynnu lluniau ac yn rhedeg siop gwerthu recordiau yn Llanbed. Byddai'r *Cymro* hefyd yn chwarae ei ran gyda thudalennau cyfan yn adlewyrchu'r sin. Ac roedd pori drwy siart Deg Ucha'r *Cymro* yn ddarllen gorfodol. Byddai cael record yn y siart yn cael ei ystyried fel cryn strôc. A byddai cael record ar y brig yn bluen fawr yn eich het. Ac am gael ymddangos ar Disc a Dawn, fe fydde hynny fel ennill ffortiwn.

Doedd yna ddim un ardal yng Nghymru heb o leiaf un grŵp pop. Ches i ddim erioed fy nhemtio i fod yn rhan o grŵp. I fi roedd perfformio ar fy mhen fy hun yn fwy syml, yn fwy ymarferol: dim ond fi a gitâr, er i fi berfformio a recordio ar brydiau gyda Rosalind. Ar y record *Hen Gyfrinache* a ddaeth allan eleni, mae pump o'r ugain cân sydd arni yn hanu o Sir Aberteifi!

I Idris Charles, y dyn byrlymus hwnnw, mae'r diolch am i fi lwyddo i dorri trwodd. Roedd Idris yng nghanol y cynnwrf cynnar. Roedd e'n cyflwyno nosweithiau pop ac yn gweithredu hefyd fel rhyw fath o 'talent spotter'. Yn 1969 fe anfonodd dâp ohona'i i Recordiau Cambrian o Bontardawe. Joe Jones a'i wraig Doreen oedd yn rhedeg y busnes. Ie, Doreen arall na newidiodd ei henw! Nhw, wrth gwrs, roddodd y cyfle cyntaf i Mary Hopkin, merch leol. Roedd Cambrian wedi cyhoeddi record EP ohoni'n canu'n Gymraeg cyn iddi saethu i frig y siartiau Seisnig gyda 'Those Were the Days' yn 1968.

Fe ddaeth 'Joe Cambrian' yn chwedl. Byddai cael eich derbyn gan Joe yn gam pwysig ymlaen. Joe Cambrian yng Nghymru oedd yn cyfateb i'r Cyrnol Tom Parker, asiant Elvis yn America. Fe ges i wahoddiad i recordio 'demo' yng Nghaerdydd; cwrdd yng nghartref Esme Lewis. Roedd Iris Williams yno hefyd, a Derek Boote. Derek yn ei gar bach â'i fas dwbwl ar y to oedd yn arwain yr orymdaith i'r stiwdio. Fe'i collwyd yn ifanc o ganlyniad i ddamwain erchyll. Coffa da amdano. Roedd rhyw grŵp o ferched yn cael prawf yn y stiwdio hefyd yr un diwrnod.

Wythnos neu ddwy'n ddiweddarach, a finne yn yr ysgol, fe ges i alwad gan un o'r athrawon. Roedd tusw o flodau wedi cyrraedd i fi ynghyd â cherdyn yn fy llongyfarch am i'r recordiad fod yn llwyddiannus. A dyna pryd wnes i sylweddoli mor ffodus o'n i wedi bod. Roedd y grŵp o ferched oedd wedi cael prawf yr un diwrnod â fi heb fod yn llwyddiannus.

Ro'n i'n hynod o naïf. O wneud record, wnes i ddim meddwl o gwbwl y gallwn i fethu. Mor hawdd fydde bod wedi cael fy ngwrthod. Ond yn wahanol i'r grŵp merched, fe fues i'n ffodus. Fe gyhoeddwyd y record ac fe werthodd gannoedd. Record EP oedd hi gyda phedair cân yn cynnwys 'Merch y Mynydd' ac 'Y Storm'. Chefais i ddim unrhyw dâl am wneud y record gyntaf honno ond roedd yna freindal ar y gwerthiant. Dw'i ddim yn cofio faint o arian wnes i ennill allan ohoni. Dim llawer, mae'n siŵr gen i. Ond y gwerth oedd mynd i Lanbed a gweld y record yn ffenest siop Ann James. Y peth mwyaf oedd medru darllen fy enw ymhlith rhestr Deg Ucha'r *Cymro*. Fe ddaeth galwadau o bobman, a dyma fi, ymron hanner canrif yn ddiweddarach, yn dal i berfformio. Erbyn hyn rwy wedi cyhoeddi dwsin o albwms, yn recordiau, casetiau a chryno ddisgiau.

Yn aml fe fyddwn i'n ymddangos mewn dau leoliad ar yr un noson; canu yn ystod hanner cyntaf cyngerdd fan hyn ac yn ail hanner cyngerdd arall fan draw. Ac fe fyddwn i'n perfformio ar ddwy neu dair noson bob wythnos.

Ar ôl dyddiau Cambrian fe gychwynnodd fy nghysylltiad gyda Sain, ac o ran Cwmni Sain, rwy'n cofio mai enw'r label ar y dechrau oedd Tryfan. Label i artistiaid newydd oedd Tryfan dan faner Sain. Rhyw arbrawf o label i weld a fyddai'r artist yn llwyddo i werthu. Fe fyddech yn graddio ymlaen wedyn i'r brif label, sef Sain ei hun! Pan recordiais i gyda nhw yn 1979, yng Ngwern Afalau, Penygroes, yr oedd y stiwdio, ac nid yn Llandwrog lle mae hi nawr. Bu'n rhaid aros yn lleol am dair noson tra'n recordio tair ar ddeg o ganeuon. Hon oedd y record lawn gyntaf imi ei recordio. Gwefr i mi yw gwrando ar gân sydd wedi ei chyfansoddi ar gitâr yn cael ei llenwi a'i datblygu gan offerynwyr a pheirianwyr. Hefin Elis oedd y cynhyrchydd a Selwyn Davies oedd y peiriannydd, ac fe fyddai trefniadau o'r caneuon yn cael eu gwneud gan Hefin ac yn cael eu rhoi i'r offerynwyr. Ar ôl gorffen, dyma fil o gopïau o'r LP, *Teimlad Cynnes*, yn glanio yn y stafell ffrynt. Nid yn unig roedd teimlad cynnes yn llanw nghalon i; roedd llwyth o recordiau hefyd yn llenwi'r stafell ffrynt. Ond fe aethon nhw i gyd a bu'n rhaid cyhoeddi mwy.

Ar ôl hynny daeth *Galw Mae Nghalon* gyda Sain yn 1982. Gareth Hughes Jones oedd y cynhyrchydd ac roedd wyth o ganeuon gwreiddiol ar y record ynghyd ag ambell i drosiad o ganeuon eraill. Roedd recordio yn medru bod yn waith difrifol iawn ond roedd digon o dynnu coes a chwerthin hefyd. Dwi'n cofio recordio'r gân 'Baban Mair', a mynd i ryw bortacabin yn ystod toriad er mwyn defnyddio'r tŷ bach, a'r toiled yn diflannu'n grwn drwy'r llawr wrth imi eistedd arno! Diolch byth, aeth yr albwm ddim yr un ffordd! Dwi'n cofio na chafodd dim llawer ei wneud y prynhawn hwnnw a phawb yn chwerthin a ffaelu'n deg â chanolbwyntio.

Pa Mor Hir? ddaeth nesaf. Yr un drefn: gyrru i fyny i'r gogledd ac aros mewn gwesty cyfagos. Roedd y plant yn fach iawn yn y cyfnod yma, ac er fy mod yn gwybod eu bod yn ddiogel gyda'u tad a'u agus, roeddwn yn gweld eu heisiau. Diolch i'r drefn, fe fyddwn yn gweithio ymlaen yn hwyr bob nos – doeddwn i ddim yn hoff iawn o fod ar ben fy hun mewn stafell westy gyda'r nos. Dyw offerynwyr ddim yn symud yn gyflym iawn yn y bore! Gweithio'r nos fydden ni a chael cinio hwyr yn y prynhawn er mwyn cael awyr iach. Mae stiwdios yn medru bod yn llefydd clostroffobig iawn.

Roedd yr 80au a'r 90au yn fwrlwm o ganu ac o deithio ac o recordio. *Pigion Taro Tant*, *Lês a Melfed*, *It's Good to See You*, *Cae'r Blode Menyn*, *Ha Bach Mihangel* ... roedd yna lu o gasgliadau. Roedd e'n gyfnod hapus iawn ac mae'r ffaith i'r caneuon gael eu recordio yn golygu eu bod ar gof a chadw. Dwi'n cyfadde fod rhai o'r caneuon hynny na chafodd eu recordio wedi mynd yn angof. Wedi'r cyfan, eu cyfansoddi ar sgrap o bapur fyddwn i, ac yna'n eu dysgu ar fy nghof. Ac mae rhywbeth rhyfedd yn digwydd weithiau. Bydd rhywun yn dod ataf, wedi clywed cân gen i flynyddoedd maith yn ôl, ac maen nhw'n gofyn imi am y gân. Weithiau fe fydd rhyw frith gof gen i ohoni. Ond mae caneuon eraill ar goll yn y gwynt.

Ar ddechrau'r 90au fe gyflwynodd Sain ddisg aur i fi. Mae gen i feddwl mai fi yw'r unig ferch yn canu'n unigol wnaeth dderbyn y fath anrhydedd yn y byd pop Cymraeg. Wnes i ddim erioed ennill medal na chwpan eisteddfodol am ganu. Felly pan ges i ddisg aur, roeddwn i'n falch iawn ohoni.

Wrth i bethe ddatblygu fe ddechreuais i brynu gwahanol offer. Offer sain a gitâr drydan Aria Pro II sydd gen i o hyd. Mae hi'n hynod o drwm, yn hongian fel maen melin am fy ngwddf. Ond roedd yn rhaid cadw i fyny â'r amserau. Fe fyddai John yn edrych ar ôl yr offer i gyd, yn ei osod fel na fyddai rhaid imi feddwl amdano cyn canu, ac, yn fwy pwysig na hynny, yn eu pacio i gadw ar ddiwedd y noson. Rhyw fywyd gwdi-hw oedd fy mywyd i. Ac mae gen i atgofion melys iawn o fwyta sglodion yn hwyr y nos ar ein ffordd adref, a'r sgyrsiau yn y car am un neu ddau neu dri o'r gloch y bore a ninnau ar ein ffordd yn ôl o Sir Fôn. Fe adeiladodd fy nhad dreiler bach inni er mwyn cario'r holl offer, ac ar ôl pacio pethau i gadw ar ddiwedd y nos, fe fyddwn yn medru ei adael yn y garej yn barod at y tro nesaf!

Fe gyd-darodd y cyfnod hwn gyda'r ffrwydrad yn y cyfryngau Cymraeg. Dechreuodd y cyfan gyda *Disc a Dawn*, rhaglen oedd yn rhoi cyfle i gantorion. Fe fyddai'r rhaglenni'n cael eu recordio yng Nghaerdydd fel arfer, a'r cyfan yn cael ei recordio yn fyw. Byddai'r 'countdown' yn dechrau, ac fe fyddai'r galon yn dechrau curo a minnau'n gwybod mai un siawns oedd gen i i gael y gân yn iawn. Heddiw, mae yna gymaint o gyfleoedd i ail-recordio. Aeth hi byth yn nos arna i, diolch byth. Ac os âi rhywbeth o'i le, fe fyddwn fel arfer yn medru ychwanegu llinellau fel na fyddai neb yn sylwi. Byddai'r Perlau, Tony ac Aloma, Iris Williams, Hogia Llandegai, Ryan a Ronnie, Heather Jones, y Triban, y Pelydrau a'r Diliau i gyd ar y sin. Wrth restru'r enwau yna, mae'n anodd credu bod y fath fwrlwm a'r fath dalent yn rhywbeth mor gyffredin! Mae'n swnio'n rhyfedd i ddweud hyn, ond roedd perfformio gyda'r criw yma'n ddigwyddiad cyffredin bryd hynny, a phawb yn symud o fewn yr un cylchoedd ac yn recordio yn yr un llefydd. Dwi'n cofio gweithio ar *04-05 ac Ati*, *Hob y Deri Dando* – rhaglen Glan Davies – a nifer o rai eraill.

Byddai'r Urdd hefyd yn cynnal cyngherddau yn y King's Hall yn Aberystwyth bryd hynny: gigs anferth fyddai'n cael eu mynychu gan gannoedd. Byddai arweinyddion yn sêr bryd hynny hefyd, yn cadw nosweithiau i fynd. Dilwyn Edwards, Ifan JCB, Elfyn Lewis, Dilwyn Morgan, Ifan Tregaron, Dai Jones, Glyn

Owen... enwau dynion yw'r rhain i gyd, gan na welais i erioed ferch yn arwain – er, mae hynny yn newid erbyn heddiw. Gan fod cymaint o artistiaid yn perfformio ar yr un noson, fe fyddai'r arweinydd yn cadw trefn ar bawb ac yn camu yn ôl ac ymlaen i'r llwyfan.

Y tu ôl i'r llwyfan, fe fyddai'r merched fel arfer yn newid mewn un stafell, a'r dynion mewn un arall. Byddem yn medru helpu ein gilydd a defnyddio offer ein gilydd. Roedd dillad a delwedd yn bwysig iawn. Roedd hi'n arfer i newid dillad ddwywaith neu dair mewn noson; dillad oedd yn dod o lefydd fel Siop Ceinwen yn Llanbed, B J Jones, Rhys Hughes, Bon Marche neu Jeans. Dillad perfformio oedden nhw, dillad llachar fel bod pobl yn medru eich gweld o gefn neuadd. Fe fydden ni hefyd yn eu haddasu wrth wnïo addurniadau arnyn nhw, yn lliwio dillad ac yn paentio esgidiau! Roedd ffasiwn yr 80au a'r 90au yn llachar beth bynnag ac fel arfer fe fyddai yna ardal golur yng nghefn y llwyfan. Fe fyddai'n dipyn o hwyl pan fyddai nifer o ferched gyda'i gilydd yn gwneud eu colur ac yn cymharu dillad!

Fyddwn i byth yn dewis dim byd cynnes iawn, gan y byddai fel arfer yn chwilboeth ar y llwyfan, a gofalwn na wisgwn ddim byd fyddai'n dynn dan y ceseiliau gan fod y gitâr gen i. Roedd gemwaith yn broblem hefyd, gan fod breichledau yn crafu ar y gitâr ac unrhyw fwclis yn gorfod bod yn fyr, fel na fydden nhw'n cnocio ac yn gwneud sŵn ar gefn y gitâr! Cofiwch, roedd yna ambell i prima donna yn rhan o'r sin bryd hynny, ac ambell i geiliog dandi. Fyddai ambell un yn pallu â rhannu stafell newid, a phawb arall yn gorfod symud stafelloedd. Ond wna'i ddim enwi neb! Ar gyfer rhaglenni teledu, fe fyddai merched colur ar gael wrth gwrs, ac fe fyddwn wrth fy modd yn cael siarad â nhw. Roedd merched colur, fel pobol trin gwallt, yn cael clywed lot o gyfrinache!

Roedd hi'n ras hefyd rhwng lleoliadau weithiau, a rhaid fyddai rhuthro i'r car a gyrru i'r ail gyngerdd yr un noson. Dwi'n cofio unwaith mynd lawr i Gei Newydd ar gyfer ail hanner rhyw gyngerdd. Roedd gan y cyflwynydd druan lygaid gwael iawn a sbectol pot jam. Dyma fi'n cripian i mewn i gefn y neuadd a chwifio arno, ond doedd yntau ddim yn fy ngweld. Aeth y cyngerdd yn ei flaen heb iddo fy ngweld o gwbwl, a daeth i ben a minnau heb ganu. Dwi'n cofio chwerthin nes fy mod yn wan wrth sefyll yng nghefn y neuadd yn magu gitâr a phobol yn edrych yn syn arna i fel petawn i wedi dod yno â gitâr ar hap a damwain!

Dwi wedi canu ar ben cei Cei Newydd ar gyfer rhyw ddigwyddiad elusennol, a bron methu â sefyll i fyny gan fod y gwynt mor gryf! Dwi wedi canu ar dreilars mewn caeau, mewn pebyll ac mewn priodasau. Dwi wedi canu mewn angladdau ac mewn partïon syrpreis. Dwi wedi canu mewn siediau seilej ac mewn cartrefi i'r henoed, mewn plastai ac mewn neuaddau bach. Dwi wedi canu ar dop Blaenau Ffestiniog mewn hen adeilad chwarel, mewn clybiau nos ac mewn clybiau gweithwyr yn y de. Dwi wedi canu ar drenau ac ar erchwyn gwely angau. Mae fy llais wedi mynd â fi i lefydd rhyfedd ac anhygoel.

Fe fyddai pobl yn garedig iawn, yn dod i siarad ar ôl i mi ganu, rhai yn fy nilyn o gyngerdd i gyngerdd. Byddwn yn cael rhannu eu straeon; rhai yn dweud bod y caneuon yn eu hatgoffa o ryw berthynas neu ryw gyfnod, fel mae rhai caneuon yn cyffwrdd â chi. Un o'r pethau mwyaf gwerthfawr i mi yw sut mae caneuon yn medru ennyn sgwrs, yn medru dod â stori allan o grombil rhywun, yn fodd o rannu ac o siario teimladau efo'n gilydd. On'd doedden nhw'n ddyddiau hapus?

Dwi'n Dy Golli Di Ddim

Dim yn bore, a dim yn y nos,
Dim tra bo'r eira yn wyn,
Dim tra bo'r rhosyn yn edrych mor dlos,
Na, dwi'n dy golli di ddim.
Dim tra bo'r enfys yn goleuo'r nen
Neu haul poeth yn machlud ar fryn
Llwch sy'n fy llygad, nid deigryn yw hwn,
Na, dwi'n dy golli di ddim.

Dim yn yr hydre, a dim yn yr haf,
Dim tra bydd caniad y gog,
Dim wrth im glywed dy enw ar dro,
Na, dwi'n dy golli di ddim.
Dim wrth im eistedd wrth ymyl y tân,
Dy gadair yn sefyll yn wag,
Curiad fy nghalon, neu gnoc ar y drws,
Na, dwi'n dy golli di ddim.

Atgofion melys fel breuddwyd a ddaw,
Cofia yr un oedd dy gâr,
Cerdded yn unig a wnaf drwy y byd,
Na, dwi'n dy golli di ddim.
Cinio i un nawr, dim cannwyll, dim gwin,
Diolch, mae popeth yn iawn,
Tlws yw dy gerdyn, 'Bydd hapus', medd hwn,
Na, dwi'n dy golli di ddim.

Dim yn bore, a dim yn y nos,
Dim tra bo'r eira yn wyn,
Dim tra bo'r rhosyn yn edrych mor dlos,
Na, dwi'n dy golli di ddim.
Dim tra bo'r enfys yn goleuo'r nen
Neu haul poeth yn machlud ar fryn
Llwch sy'n fy llygad, nid deigryn yw hwn
O! Na, dwi'n dy golli di ddim.

Mae rhai yn sôn am ryw oerfel rhwng y Gogs a'r Hwntws, rhyw sôn eu bod nhw'n wahanol, a'u bod yn gweld pethau'n wahanol. Wel, dwi am ddweud mai rwtsh llwyr yw hynny. Fe gefais groeso cynnes iawn lle bynnag yr aethwn yng Nghymru, ond roedd yna ddau le lle gwnaeth y gymuned fy nghymryd yn gynhesach nag arfer i'w calonnau: Sir Fôn a Phen Llŷn.

Fe fyddwn, ar adegau, yn Sir Fôn yn canu ddwywaith, os nad deirgwaith mewn wythnos. A dweud y gwir, mae gen i ddwy gân sy'n hanu o Sir Fôn. Elizabeth Hughes o Gaergybi ysgrifennodd 'Dwi'n Dy Golli Di Ddim'. A'r gân arall yw 'Diolch Nad yw'r Nos yn Aros' y geiriau gan Julia Prydderch, Malltraeth a'r dôn gan ei mab Meurig. Fe fu Meurig farw'n ddyn ifanc o glefyd y siwgwr. Fe wnes i ddweud bod canu yn dod â phobol yn agosach at ei gilydd, a dyma ddwy enghraifft berffaith o hynny. Pobl yn ysgrifennu caneuon ac yn dod â nhw ata'i imi gael eu canu. Mor lwcus oeddwn am eu doniau.

Roedd y daith i Sir Fôn yn eithaf hir, ond roedd y croeso mor gynnes, a'r cynulleidfaoedd mor ffyddlon, fe fyddai hi'n werth gwneud y siwrne. Fyddwn i nemor byth yn aros y noson, ac ar ôl pacio'r car ar ddiwedd y noson, fe fyddwn yn dechrau'r siwrne o ryw dair neu bedair awr adref gan gyrraedd yn ôl yn oriau mân y bore. Fe fyddwn yn gwybod am bob siop tships a thoiled a fyddai ar agor yn hwyr yr holl ffordd adref!

Rwy'n cofio un noson cael gwahoddiad i ganu yng nghapel Dothan Llangefni ar nos Sul, er imi fod yno eisoes ar y nos Fercher a'r nos Wener. Roedd John wedi blino gyrru, a dyma Eifion Morgans, a oedd yn ein helpu i odro ar y fferm gartref bryd hynny, yn cynnig fy ngyrru. Dyma Caryl y ferch a finnau ac Eifion yn neidio i'r car ac i ffwrdd â ni. Ar ddiwedd y noson, dyma'r arweinydd yn diolch imi am ddod ac i'r gwas am ddod gyda fi! Dyma bennau'n troi a phobl yn chwerthin. Ag Eifion yn gymaint o ffrind i'r teulu, doeddwn i ddim wedi meddwl bod unrhyw beth yn ddoniol mewn dod â'r gwas a gadael fy ngŵr gartref!

Fe gefais yr un croeso ym Mhen Llŷn gan ddod i adnabod nifer o deuluoedd yn yr ardal dros y blynyddoedd. Teuluoedd fel teulu Mrs Myfi Payne a'i gŵr Richard. Y llynedd fe fues yn ôl i ganu ym mharti pen-blwydd Myfi yn 90. Braint oedd cael bod yno a chyfarfod â chymaint o'r hen griw. Mae Rosalind a Myrddin yn byw ym Mhwllheli, wrth gwrs, ac fe fyddwn yn aros gyda nhw weithiau pan fyddwn yn recordio yn Sain, a oedd ryw hanner awr i ffwrdd. Mae Deian, eu mab, yn gweithio yn Sain erbyn heddiw.

Un peth dwi'n ei gofio'n arbennig am y cyfnod oedd yr holl nosweithiau Breninesau Grug a fyddai'n cael eu cynnal ar hyd a lled Pen Llŷn. Byddai'r neuaddau pentre yn cael eu haddurno â grug y mynydd i gyd a'r merched yn edrych mor brydferth yn eu ffrogiau. Dwi ddim yn gwybod os yw'r traddodiad yma yn parhau ond roedd e'n rhywbeth arbennig iawn yn yr ardal.

Er bod pob noson yn wahanol, a'r gynulleidfa yn hollol wahanol, roedd yna ryw hwyl i'w gael yn yr ardaloedd yma. Dwi'n cofio canu mewn cyngerdd ym Mhwllheli ryw noson, minnau a Hogia'r Wyddfa, ac fe enillais lond cwdyn o datws ar y raffl. Wrth ddiolch am y cwdyn, dyma bawb yn dechrau chwerthin yn eu dyble! 'Down i ddim yn sylweddoli bod ystyr gwahanol iawn i 'gwdyn' yn yr ardal.

Fe fuon yn lwcus iawn dros y blynyddoedd i beidio â thorri i lawr yn rhy aml ar ein teithiau. Ond dwi'n cofio un noson inni fynd trwy ryw bwll dŵr ar y ffordd i Dreletert ger Abergwaun (lle arall y byddwn i'n mynd iddo yn aml) a'r car yn landio yn y clawdd! Ffaelon ni gyrraedd y cyngerdd y noson honno, a gorfod inni ffonio fy nhad er mwyn iddo ddod i'n nôl ni. Dro arall, ar ôl cael car newydd, fe fuodd Gwyndaf y mab yn chwarae yn y car y prynhawn hwnnw, a rhywfodd fe lwyddodd i agor y ffenestri trydan fel bod ffenest y pasinjer wedi sticio ar agor! Roedd cyngerdd y noson honno yn Llandeilo, felly rhaid oedd mynd, a'r ffenest led y pen ar agor! Drwy ryw lwc, roedd y tywydd yn weddol, ond roedd fy ngwallt yn ffluwch! Sôn am 'blow-dry'!

Byddem yn cael ein stopio gan yr heddlu yn aml hefyd, a chael ein holi o hyd o ble roedden ni wedi dod, ac i ble roedden ni'n mynd. Fe fydden nhw'n ei gweld hi'n rhyfedd ein canfod ni allan ym mherfeddion nos byth a hefyd. Fe fydden nhw'n cerdded o gwmpas y car, ac o weld y gitârs a'r offer yn gadael inni fynd. Ond fe arweiniodd un noson mewn cyngerdd yn diddanu'r heddlu at dipyn o drafferth i mi! Cyngerdd wedi ei drefnu gan ryw adran o'r heddlu oedd e yn Llanelli, a rywfodd neu'i gilydd, yn ystod y nos, fe aeth fy mhwrs ar goll o'm bag! Yn hwnnw roedd fy nhrwydded yrru, ond wnes i ddim poeni rhyw lawer am archebu copi nes bod rhaid i Gwyndaf y mab ofyn am drwydded dros-dro i ddysgu gyrru. Dyma fi'n danfon llythyr er mwyn cael copi o nhrwydded innau, cyn derbyn llythyr yn ôl yn dweud nad oedd ganddyn nhw record o gwbwl imi basio fy mhrawf! Mae'n debyg fod enwau nifer o bobol wedi diflannu oddi ar y sustem pan drosglwyddwyd y cyfan i gyfrifiaduron gan y DVLA. Roedd hyn yn golygu, wrth gwrs, fy mod (yn ôl eu gwybodaeth nhw) wedi bod yn gyrru heb drwydded ers fy mod yn ddwy ar bymtheg! Doeddwn i ddim erioed wedi cael tocyn am oryrru nac am yr un drosedd arall. Felly ni fu'n rhaid imi ddangos y drwydded erioed. Ar ôl dadlau gyda'r DVLA am rai misoedd, doedd dim byd amdani ond mynd a chael gwersi gyrru unwaith eto er mwyn paratoi ar gyfer sefyll fy mhrawf gyrru eto! Bu'n rhaid prynu llythyren 'D' am 'Dysgwr' i'w gosod ar y car! Roedd hi'n dipyn o embaras gyrru trwy Lanbed mewn car dysgu gyrru ar ôl yr holl flynyddoedd. Ond doedd dim dewis! Diolch i'r drefn, fe basies y prawf am yr ail dro, a does dim llawer sydd wedi medru gweud hynny!

Er inni fwynhau'r cyfnod o deithio yn fawr iawn, roedd yna ddau beth y byddwn i'n falch petaen nhw wedi bodoli bryd hynny. Un fyddai '*sat nav*', a'r llall fyddai gwaharddiad ar smygu mewn mannau cyhoeddus. Fe fyddai'r ddau wedi bod o gymorth mawr i fi. Roedd ffeindio'n ffordd i wahanol ddigwyddiadau yn anodd iawn a John, druan, yn mynd ar goll weithie. Byddai brys hefyd fel arfer ac angen cyrraedd erbyn bod y cyngerdd yn dechrau. Rwy'n cofio i ni unwaith gymysgu rhwng dau le o'r enw Sarn ym Mhen Llŷn, sef Sarn Bach a Sarn Fawr. Ac am y smocio, fe fyddai cymaint o fwg mewn ambell neuadd fel y byddai gen i wddf tost am amser hir wedyn. Llefydd gwaith ydyw clybiau a neuaddau, wrth gwrs, i gantorion, a dyna un o'r pethau gorau ddigwyddodd i mi oedd cael gwared ar y mwg.

Does Gen i Ddim Aur

Does gen i ddim aur, does gen i ddim arian,
Ond mae aur yng ngwallt fy merch fach i,
Ac mae arian pur yn dod o'i llygaid hi,
Ac rwyf yn ei charu, ac mae hithau'n fy ngharu i.

Cytgan:

O, dw'i ddim yn dlawd, waeth mae gen i gariad,
O na, byth yn dlawd yn perchen sut gariad,
Pwy all fod yn dlawd pan fo ganddo gariad?

Does gen i ddim trysor na chreiriau'n y byd,
Yn fy mab y mae'r cyfoeth mwya i gyd,
Does darlun mwy gwerthfawr na'i wyneb bach pur
Ac rwyf yn ei garu, ac mae yntau'n fy ngharu i.

Cytgan

Does gen i ddim perlau na gemau'n y byd,
Ynot ti y mae gwerth y perlau i gyd,
Ac mae nghalon fel perl yn dy galon di
Ac rwyf yn dy garu, ac rwyt tithau'n fy ngharu i.

Cytgan:

O, dw'i ddim yn dlawd, waeth mae gen i gariad,
O na, byth yn dlawd yn perchen sut gariad,
Pwy all fod yn dlawd pan fo ganddo gariad?

Gwyndaf a Caryl yn fach

Cân serch yw 'Does Gen i Ddim Aur', yn y traddodiad gwerin. I Caryl fy merch mae'r pennill cyntaf, i Gwyndaf mae'r ail, ac mae'r trydydd i John y gŵr.

Ganwyd Gwyndaf yn 1975 a Caryl dair blynedd yn ddiweddarach. Magwyd y ddau yn Aberaeron cyn symud i Ffosdwn pan oedd Gwyndaf yn rhyw bymtheg oed. Doedd symud i'r wlad ddim yn naid o gwbwl i'r ddau gan eu bod wedi eu magu ar benwythnosau naill ai ym Mlaenplwyf neu yn y Plas, fferm rhieni John, pan fyddwn i allan yn canu. Fe fyddwn i'n ceisio peidio ag aros i ffwrdd heblaw pan fyddwn yn recordio yn Sain. Roedd Aberaeron, ac wedyn Dihewyd, yn ganolog rywfodd, a'r Gogledd a'r De ryw ddwy awr a hanner i ffwrdd. Pan ddaeth y ddau yn hŷn, fe fydden yn dod gyda fi i ganu. Bydden nhw'n eistedd tu ôl i lwyfannau ac yn gwerthu casetiau a CDs yn y *foyers*. Roedd neuaddau yn fannau diddorol i blant. Caent weld sut roedd y consurwyr yn mynd ati i wneud triciau pan fyddwn yn gwneud rhyw 'summer season' yn rhywle, neu wylio'r digrifwyr yn mynd trwy eu pethau cyn camu ar y llwyfan. Byddai'r teithio hefyd yn golygu y byddai digon o amser i siarad a sgwrsio.

Mae Gwyndaf wedi etifeddu hoffter fy nhad o ddyfeisio, cynllunio a dylunio. Mae'n medru tynnu peiriant yn ddarnau a'i drwsio, ac yna'i roi i gyd yn ôl at ei gilydd yn berffaith, ac mae'n cael pleser mawr wrth wneud hynny. Ffermio yn Ffosdwn a'r Plas mae e, a bu'n ddigon ffodus i gael partner arbennig, sef Carys, a dau o blant hyfryd, Aron a Sara. Mae'r teulu bach yn ddigon agos i ymweld yn gyson, a dwi'n cael cwmni'r un fach yn gyson tra bod ei brawd yn yr ysgol. Mae Aron fel petai'n dangos diddordeb yn y fferm, ac mae Sara yn hoff iawn o ganu.

Mae gan Gwyndaf lais arbennig a hoffter mawr o gerddoriaeth ond does ganddo ddim awydd i ganu. Er hynny, mae'n hoff iawn o ganu gwlad modern ac wedi bod yn Las Vegas i glywed Garth Brooks, un o'i ffefrynnau, yn canu. Ry'n ni'n dau yn rhannu'r un chwaeth mewn caneuon, a bob tro mae'n dod ataf a gofyn imi wrando ar ryw gân, fe fyddaf yn gwybod yn ddi-ffael y byddaf yn ei hoffi. Mae Gwyndaf wedi cynnal ei gyfeillgarwch gyda nifer o'i ffrindiau ysgol, ac yn hynny o beth mae yntau hefyd yn fachgen ei fro.

Dwi'n gweld tipyn o debygrwydd rhyngof fi a Caryl. Mae hi'n un sy'n meddwl llawer; rhyw fyfyrio dros bopeth. Roedd hi'n blentyn tawel iawn. Bron na fyddech yn gwybod ei bod yn y tŷ. Byddai Gwyndaf yn tynnu ei choes.

Pan fu'n rhaid iddi gael sbectol am y tro cyntaf, ei ymateb e oedd 'Petaet ti'n darllen llai, fel fi, fydde dim angen sbecs arnat ti!'

Un peth sydd gan y ddau yw hiwmor. Rhyw dynnu coes a direidi. Mae'r ddau yn hoff o jôc ac o weld ochr ddoniol pethau. Dydy ysgrifennu caneuon lleddf neu straeon lleddf ddim yn golygu eich bod yn berson lleddf: i'r gwrthwyneb, â dweud y gwir, fyddwn innau yn dadlau, wrth gael gwared ar deimladau tywyll. Oes, mae modd bod yn berson llawer mwy positif oherwydd hynny!

Dwi'n cofio Caryl yn dechrau llunio rhyw straeon yn ifanc iawn – cyn iddi fedru eu hysgrifennu i lawr hyd yn oed. Mae gen i gopi o'r stori gyntaf a ysgrifennodd hi erioed – wel, hi oedd yn ei hadrodd a minnau'n gorfod ei chofnodi i lawr ar bapur. Rhyw stori yw hi am gwningen! Yna, pan oedd hi'n hŷn, dyma hi'n dechrau cario rhyw ddarnau o waith ysgrifenedig adref o'r ysgol, a'i hathrawon Emyr Llewelyn (mab T Llew Jones) a Kay Pascoe yn awgrymu efallai fod ganddi rywbeth. Mae hithau, fel finnau, yn gweld pethe mewn delweddau. Ac er nad ydym yn trafod gwaith yn ormodol, mae hi'n dod ataf weithiau gyda rhyw stori, ac fe fydda i'n gwybod bod rhywbeth ar ei meddwl pan fydd hi'n mynd yn dawel. Gan fy mod innau hefyd yn ymwybodol o beth yw creu, dwi'n deall bod arni angen gofod weithiau i weithio. Pan mae hi'n gofyn imi warchod y plant, fe fydda i'n ceisio gwneud hynny'n syth am na fydd fory'n ddigon da pan mae'r awen yn galw heibio heddiw.

Doedd Caryl, mwy nag oeddwn innau, ddim yn geffyl blaen yn yr ysgol. Rhyw sefyll nôl a gwylio fuodd hithau hefyd. Dwi'n cofio i'r athrawon gael dipyn o syndod pan ddaeth hi'n ddiwrnod casglu canlyniadau arholiadau. Po fwyaf swnllyd yw pobol fel arfer, tawelaf dw' innau'n mynd, ac mae Caryl yn debyg iawn.

Dwi ddim yn un sy'n hoff o ganmol nac o seboni. Dwi'n ffaelu â goddef hynny ac mae Caryl a Gwyndaf yr un fath. Dwi'n hapus bod y ddau yn hapus. Mae gweld Gwyndaf yng nghanol ei fro yn gwneud imi deimlo'n browd iawn. A dwi'n falch fod Caryl wedi ffeindio cyfrwng sy'n ei gwneud hi'n hapus. Fel mae canu wedi bod yn falm ac yn arf i minnau, fe fydd ysgrifennu yr un peth iddi hithau. Mae'r plant yn gwybod fy mod yr un mor browd o'r ddau ohonynt.

Aron a Sara, plant Gwyndaf a Carys

Hedd, Gwenno a Guto, plant Caryl ac Aled

Mae Caryl wedi symud ychydig allan o'r fro erbyn hyn ond dyw hi ddim ymhell. Mae hi a'i gŵr Aled yn byw ar bwys Goginan, Aberystwyth, ar y fferm, ac mae ganddynt hwythau dri o blant erbyn hyn – Hedd, Gwenno a Guto. Mae Hedd yn wyddonydd bach a Gwenno wrth ei bodd yn dawnsio bale. Mae Guto yn llawn drygioni ac yn cael ei sbwylio gan bawb.

Y Sampler

Tybiaf mod i'n gweld y byd
Fel sampler cywrain lliwgar drud,
Pobl y gwledydd drwy'r holl fyd
Yn cydblethu'r pwythau ynghyd.
Pawb yn creu eu sampler bach
Sy'n rhan o'r sampler mawr,
Ond nawr mae rhywbeth mawr o'i le,
Mae darnau'n datod dros y lle.

Mae'r byd mewn annibendod
A phawb a'i anghytundod,
Pa les trin a thrafod
A hedd y byd yn darfod?
Gelynion sy'n cydweithio,
Mae'r arfau'n agos heno
Yn tynnu ar y pwythau cain,
A'r edau'n estyn dan y straen.

Fe ddylai pawb gydweithio,
I drwsio'r sampler eto.
Adnewyddu'r pwythau brau
Wrth helpu'r anffortunus rai.
Does dim rhaid gwahanu pwyth
Pe bai un yn helpu'r llall a'i lwyth.
Edau bywyd sy'n rhy brin
I ddefnyddio'n ofer i ryfela fel hyn.

Gyda Wada'r camel yn Kuwait. Ystyr Wada yw blodyn

Er fy mod wedi glynu at fy ardal yn weddol glòs erioed, fe fues yn lwcus iawn o'r cymdeithasau Cymreig sydd yn dal yn rhwydwaith o gwmpas y byd. Mae gan bobl hiraeth am Gymru ble bynnag y maen nhw, ac oherwydd hynny maen nhw'n dod at ei gilydd i gymdeithasu a mwynhau. Roedd yna gymdeithas Gymraeg yn Kuwait (fel yr oedd yn cael ei adnabod bryd hynny), ac i'r fan honno aethon ni'n gyntaf ar gyfer noson Gŵyl Dewi yn y Messilah Beach Hotel yn ymyl Gwlff Persia yn 1988. Roedd hi'n wlad o ddau hanner ar y pryd – yr hanner gyfoethog a'r hanner dlawd. Roedd yna reol na châi unrhyw un fod allan yn gweithio yn yr haul dros ryw raddau arbennig o wres, ond fyddai'r gwres hwnnw, yn swyddogol, byth yn cael ei gyrraedd. A'r gweithwyr tlawd druain yn marw yn y gwres tra bod y cyfoethog yn dod rownd y rheol fel'ny.

Roedd Kuwait yn ddinas wedi ei hadeiladu ar y tywod yn llythrennol. Doedd dim sail iddi. Nid oedd rhaid i'r dinasyddion oedd wedi eu geni yno weithio gan fod arian yr olew yn ddigon i gynnal pawb. Doedd yna ddim biliau, dim rhent, dim costau yn y byd. Roedd yna geir Mercedes a BMW ym mhobman. Welech chi fyth ferched ar hyd y lle o gwbwl; châi merched ddim gyrru. A phan gynhelid nosweithiau cymdeithasol, dim ond y gwŷr fyddai yno, tra bo'r merched yn cael eu cadw adref. Fe fu'n rhaid i fi gnoi fy nhafod droeon.

Yn Kuwait, un o'r pethe rhyfeddaf welais i oedd y paratoadau pan fyddai rhywun pwysig yn ymweld â'r wlad. Fe fyddai gweithwyr yn chwistrellu rhyw gemegolion ar y tywod ar hyd ochrau'r ffyrdd a byddai rhywbeth tebyg i wellt gwyrdd yn tyfu yno. Meddyliwch, nhw eisiau bod yn wyrdd tra mae pobl yma am gael tywod euraid.

Roedd rhywbeth mawr ymhlith y bobl frodorol mewn cael gwraig â llygaid glas a gwallt melyn. Fe aethon ni i gartref un gŵr pwysig oedd yn briod â merch o Sweden. Yn y tŷ roedd piano o wydr ond neb yn ei chwarae. Roedd y grisiau wedi eu gwneud o wydr hefyd. Tra roedden ni yno fe ddaeth dyn at y drws yn gwerthu ieir wedi'u rhostio. Dyma ŵr y tŷ yn dweud wrth un o'i weision, 'Fe gymera'i ddeg. Os bydd rhai dros ben, fe'u tafla'i nhw bant.'

Roedd hi'n arfer yno i gymryd llawer mwy o fwyd nag oedd ei angen arnoch ac i ddangos bwyd dros ben. Byddai hyn yn arwydd i'r rhai a fyddai wedi eich gwahodd i'w cartref eich bod wedi cael mwy na digon i'w fwyta a'u bod yn hael. A ninnau yn cael ein dysgu i beidio byth â sbarioni yma yng Nghymru a pheidio â gwastraffu! Fe gawsom wahoddiad i fynd i swpera gyda theulu cyfoethog.

Doedden nhw ddim yn eich bwydo yn syth ond yn eich bwydo ychydig cyn ichi adael. Tua un o'r gloch y bore, dyma bennaeth y tŷ yn clapio ei ddwylo, a nifer o weision yn dod i mewn yn llwythog o blatiau o bob math o fwydydd, mwy na fedrech ei fwyta mewn wythnos. Roeddwn i wedi canu ychydig o ganeuon iddyn nhw yn gynharach ac fe roedd gweld rhes o ddynion mewn gwisg Arabaidd yn eistedd yn un rhes ar y llawr yn gwneud symudiadau Cân y Gwcw yn rhywbeth arbennig iawn! Dwi'n meddwl eu bod wedi mwynhau. Roedden nhw'n gwenu beth bynnag.

Doedd dim diod gadarn yn y wlad o gwbwl. Roedd bar ymhob gwesty a gwydrau rif y gwlith ar y silffoedd. Ond roedd y poteli i gyd yn wag. Dim ond dŵr, pop a sudd ffrwythau oedd i'w gael, a hwnnw i gyd am ddim. Ond fel ymhob man, roedd yna ffordd o ddod dros y gwaharddiad. Byddai rhai yn cario poteli cyfrin o gwrw cartref ac yn ei arllwys dan y bwrdd a'i siario o gwmpas eu ffrindiau.

Dwi'n cofio gwneud cyfweliad i Hywel Gwynfryn allan yno. Fe fu Hywel yn gefnogol iawn imi erioed. Yn wir, fe oedd un o'r rhai cyntaf i chwarae fy recordiau ar Radio Cymru, a thrwy hynny, annog eraill i wneud. Dwi wedi sgwrsio â Hywel mewn rhyw lefydd rhyfedd. Ond dwi'n meddwl mai Kuwait yw un o'r llefydd mwyaf hynod.

Cyn dechre o Gymru fe ffoniodd un aelod o'r gymdeithas Gymraeg (wna'i ddim enwi neb!) a gofyn yn daer imi fynd â phorc pei iddi. Fel y gwyddoch, roedd Kuwait yn wlad Fwslimaidd, a dim mochyn yno hyd yn oed yn y sw. Roedd yr aelod arbennig hon wedi bod yno ers blynyddoedd ac yn crefu am flas cig moch. Fues innau ddigon naïf â mynd draw at Mrs Morgan y bwtsier yn

Aberaeron a phrynu porc pei a fyddai'n ffitio i mewn yng ngwaelod fy het Gymreig! Fy nghynllun oedd dweud mai fy nghinio oedd e, petawn i'n cael fy nal. Yn wir, ar ôl cyrraedd, fe wnes i ddifaru fy enaid fod y fath beth gen i. Roedd y naws yn y lle yn ddifrifol. Roedd Harrods wedi rhoi sawl tusw o gennin Pedr fel rhodd i'r wlad ar Ddydd Gŵyl Dewi ac ar ein glanio fe gawsom ein cludo i ryw stafell fechan. Yna, fe ddechreuodd rhyw swyddog fynd trwy goesau'r cennin Pedr rhag ofn fod cyffuriau ynddyn nhw. A minnau'n chwysu chwartiau yn gwybod fod gen i borc pei wedi ei stwffio i mewn i fy het Gymreig. A dyma fe'n dechrau pwyntio ei ffon at fy het a minnau'n meddwl fod y cwbwl ar ben. Ond diolch i Dduw, dyma fe'n gwenu ac yn gofyn, 'Hat?'. Dyma fi'n nodio a syllu arno. Yna, wedi eiliad neu ddwy oedd fel oes, fe ddechreuodd rhyw wên ymledu ar draws ei wyneb. 'Funny hat!', medde fe, a dyna ni! Dwi'n diolch hyd heddiw nad oedd ganddo gi fyddai

Canu mewn ysgol yn Lagos Nigeria

wedi arogli'r porc. A'r cyfan ddweda i yw gobeithio i Dduw fod y ferch wedi mwynhau ei phorc pei oherwydd fe gostiodd yn ddrud i'm nerfau i!

Y noson wnaethon ni lanio'n ôl o Kuwait, fe ruthron ni adre er mwyn imi fedru canu mewn cymanfa yng Nghapel Peniel yn Aberaeron a chael te traddodiadol ar ôl hynny. Dyna pa mor brysur oedd y cyfnod, a dyna flasus oedd y te ar ôl sychder Kuwait.

Un o'r tripiau mwyaf diddorol imi ei chymryd erioed oedd i Nigeria, i Lagos yn benodol. Fe ddaeth y gwahoddiad trwy Cen Llwyd, a minnau'n derbyn y cynnig i fynd at y gymdeithas yno. Roedd hi'n gymdeithas weddol fawr a nifer o'r aelodau yn gweithio yn ardal Lagos yn niwydiant y diodydd oer. Dwi'n meddwl mai cwmni 7 Up oedd pia'r tŷ fuon ni'n lletya ynddo. Fe estynnon wahoddiad i John Jones y clocsiwr ddod gyda ni fel ein bod yn medru cynnig noson fwy llawn ac amrywiol.

Fe gyrhaeddon ni faes awyr Lagos, ac os gwelodd rhai ohonoch raglen yn ddiweddar am y lle, fe allwch ddychmygu pa fath leoliad yw e. Cawsom gyfarwyddiadau i beidio â symud o'r fan ar ôl glanio nes bod rhywun o'r enw Joseph yn dod i'n hôl. Ond doedd dim sôn am Joseph, a bu'n rhaid inni aros. Fe ddaeth o'r diwedd a mynd â ni allan o'r maes awyr at y car. Theimlais i ddim erioed y fath wres a phrysurdeb, gyda phawb yn ceisio cael eu hurio i gario ein bagiau. Fe aeth Joseph â ni nôl i dŷ mawr y tu ôl i reilins tal a dynion arfog y tu allan yn gwarchod y lle. Dwi'n cofio gwrido a chywilyddio fod yna deulu o weision ar ein cyfer yn byw ar waelod yr ardd. Roedd hi'n gwbwl groes i'r graen i mi adael iddyn nhw wneud pethau ar ein cyfer. Ond fe roedd rheiny hefyd yn browd iawn, ac yn gweld ein hamharodrwydd i adael iddyn nhw ein helpu fel arwydd nad oedden ni'n hapus â'u gwaith. Dyna oedd sefyllfa letchwith a ninnau'n methu â chyfathrebu chwaith er mwyn esbonio'r gwahaniaethau diwylliannol rhyngom. Byddem yn cael ein cloi yn y tŷ gyda giât ar y grisiau hefyd bob nos ac yn teithio o le i le gyda dau gar rhag ofn i un dorri i lawr. Byddem yn cael ein cludo ar hyd y lle ac yn cael ein cloi yn ôl yn y tŷ bob nos.

Fe aethon un diwrnod gyda dau aelod o'r gymdeithas i hen farchnad y tu allan i ddinas Lagos. Roedd y farchnad yn un draddodiadol, yn adlewyrchu'r traddodiadau a'r ofergoelion yno. Pan gyrhaeddon y farchnad, fe ddiflannodd pawb. Yna fe gyrhaeddodd y dyn hysbys, dyn pwysig iawn yn yr ardal, a bu cryn sgwrsio rhyngddo ef a'n gyrwyr am ein hawl i fod yno. Yn y diwedd, ac mae'n siŵr ar ôl i beth arian gael ei gyfnewid, fe ddiflannodd ac fe ddaeth pawb yn ôl i'r golwg. Dwi'm wedi gweld y fath bethau mewn marchnad erioed. Hadau, dail, gwreiddiau o bob math i wella bob anhwylder, ond hefyd pennau mwncïod, a darnau o gyrff adar a nadredd; digon i hel ysgryd arnoch. Roedd sôn y gallech chi brynu darnau o bobol yno hefyd, dim ond gofyn i'r bobl iawn. Mae'n rhaid dweud ein bod yn hapus iawn cael bod yn ôl yn y tŷ tan glo y noson honno.

Fe fuom yn cynnal sawl digwyddiad mewn ysgolion, gyda disgyblion oedd yn cynrychioli 17 o ieithoedd. A dau fachgen bach o Gonwy a gwallt coch yn eu plith, a'u rhieni yn gweithio yn Lagos. A fel'ny y bu, John yn cyflwyno gan ddangos ar fap lle'r oedd Cymru fach, a John yn clocsio a finnau'n canu. Ar ddiwrnod arall fe aethon allan mewn cwch i bentre cyfagos a chyfarfod â phennaeth y pentref. Teimlai hwnnw'n browd iawn o'r leino ar lawr ei gartref o fwd a brigau. Ef oedd yn cadw trefn ar bawb a phopeth, yn cynnwys priodi a chosbi. Doedd neb yn cael symud heb ei ganiatâd. Fe ddaeth i gyfarfod â ni yn y cwch mewn gwisg lliw oren, a chwys yn ddafnau yn disgleirio ar ei wyneb. Er mawr syndod, fe ofynnodd i John a gymerai ddwy fuwch amdanaf! Dwi ddim wedi bod â chymaint o ofn erioed, gan ein bod ni ychydig o wartheg yn brin ar y cwota llaeth! Ond, diolch byth, gwrthod wnaeth John ac mi ges ddod adre yn ôl ar y cwch yn lle aros yn y cwt mwd a'r leino! Roedd y diwylliant yno yn un diddorol tu hwnt, ac fe ddwedwyd wrthym os byddai menyw yn colli ei gŵr, y byddai'n rhaid iddi ei gladdu tan ei gwely yn y cartref.

Y diwrnod wedyn, ysgol arall a chlocsio a chanu eto ac yn ôl i'r tŷ. Roedden yn aros dros ddydd Sul, diwrnod pan fyddai'r eglwysi yn orlawn. Fe fyddwn wedi hoffi cael mynd i wasanaeth, ond chawson ni ddim oherwydd diogelwch. Dwi'n cofio gwylio'r teulu ar waelod yr ardd yn gwisgo mewn gwyn i gyd er mwyn mynychu oedfa a'u gwylio'n mynd trwy fariau dur ein hystafell wely.

Ie, bywyd rhyfedd oedd bywyd yn Lagos. Peryg bywyd oedd gyrru car. Fe fyddai ceir yn dod ar eich traws ar yr ochr anghywir i'r ffordd yn gyfan gwbwl. Doedd dim rheolau traffig o gwbwl ac fe welson sawl damwain erchyll wrth fynd heibio. Ar ôl deg diwrnod fe ddaeth yn amser ffarwelio, a Joseph yn mynd â ni nôl i'r maes awyr. Bu'n rhaid inni dalu er mwyn cael mynd o'r lle. Roedd rhyw swyddog yn mynnu arian cyn rhoi'r dogfennau a'r pasborts yn ôl inni. Lle felna oedd Lagos bryd hynny. Mae pethau yn wahanol iawn erbyn hyn, mae'n siŵr. Fe gefais wahoddiad i fynd yn ôl y flwyddyn ganlynol. Ond teimlai John a finne fod y profiad wedi bod yn ddigon o hunllef i bara oes!

Ha' Bach Mihangel

Llwyth o atgofion, llu o obeithion,
Dyna beth sy'n llonni'n bywyd ni -
Ac mae'n anodd coelio,
Sut aeth amser heibio,
O awr i awr, o ddydd i ddydd.

Ha' Bach Mihangel a gawn ein dau,
Ac os yw'r gwin fwy aeddfed nawr, dyw ei flas e ddim llai,
Ha' Bach Mihangel a ddaw i ni,
Yn fythol wyrdd, cyd-gerddwn ffyrdd,
Ac mae'n haf o hyd.

Llond tŷ o chwerthin ac ambell ddeigryn,
Bu 'na ambell garreg yn y gwys,
Ond mae serch sy'n clymu
Pan mae dau'n cyd-dynnu,
Cryfach yw nag unrhyw rwystr fydd.

Ha' Bach Mihangel a gawn ein dau,
Ac os yw'r gwin fwy aeddfed nawr, dyw ei flas e ddim llai,
Ha' Bach Mihangel a ddaw i ni,
Yn fythol wyrdd, cyd-gerddwn ffyrdd,
Ac mae'n haf o hyd.

Gyda John yn mwynhau yn Rasys Llanbed

Yn 1989 fe symudon fel teulu o Aberaeron i Ffosdwn, Dihewyd, ac yma mae John a finnau'n byw o hyd. Fferm odro yw hi, ond y'n ni wedi gorfod addasu a datblygu'r fferm dros y blynyddoedd. Fe godon ni felin wynt er mwyn arallgyfeirio gan fod rhaid newid o hyd y diwrnodau hyn er mwyn osgoi cael eich gadael ar ôl. Fe roddodd John y gorau i weithio yn yr ysbyty a mynd yn ôl at ei gariad cyntaf – ffermio. Ac fe deimlais innau'n gartrefol yn fuan iawn yma hefyd.

Mae'n cysylltiadau ni â'r fro yn mynd yn ôl gryn bellter. Roedd fy hen, hen dad-cu wedi dod i'r ardal o Lwynmalus ym mhlwyf Lledrod. Fe ddaeth yma i Ffosdwn gyda'i wraig ifanc Elizabeth ac un plentyn, ond gan fod neb o'r teulu eisiau byw yma yn 1952, fe'i rhentwyd e allan. Yr hen enw ar y plwyf, mae'n debyg, yw Llanwyddalus. Roedd yno ffair flynyddol enwog yn y fro unwaith, Ffair Ddalis, a gynhelid bob mis Ebrill cyn iddi symud yn gyfan gwbl i Lanbed.

Ar ôl dyddiau fy hen hen dad-cu, fe fu Ffosdwn bron iawn â mynd ar chwâl. Roedd tair chwaer yn byw yma, ac roedd y lle i fod gael ei rannu rhyngddynt. Ond heb yn wybod i Mam-gu fe brynodd Tad-cu fe'n ôl yn yr ocsiwn. A dyna sut mae Ffosdwn wedi aros yn y teulu. Roedd fy hen dad-cu, David Williams, yn meddwl cymaint o'r hen le fel iddo drefnu y câi e, wedi iddo farw, ei gladdu mor agos â phosib i'r ffin rhwng mynwent yr eglwys a Ffosdwn, manylyn a ddefnyddiodd Caryl pan ysgrifennodd y nofel Martha Jac a Sianco. Cafodd ei ddymuniad. Mae fy hen fam-gu yno hefyd ynghyd â thri o blant a fu farw'n ifanc.

Rwyf finne wedi parhau'r cysylltiad â'r eglwys. Fi bellach yw Warden y Ficer. A braf yw medru dweud fod gyda ni, am y tro cyntaf yn hanes y plwyf, ferch yn ficer. Mae'r Canon Barchedig Eileen Davies o'r Gwndwn, Llanllwni yn gaffaeliad anferth.

Pan brynodd e Ffosdwn, mae'n debyg i David Williams godi morgais am £1,100, a fenthycodd oddi wrth berchennog siop ddillad Commercial House yn y Felin-fach, Saunders Davies, yn 1878. Roedd yna hen ddywediad yn mynnu fod mwy o arian mewn llathen o gownter nag a fyddai mewn erwau o dir. Mae dogfennau gen i sy'n olrhain hanes y ffarm yn ôl i 1751. Maen nhw hyd yn oed yn enwi'r holl gaeau. Mae gen i hefyd ddogfen y benthyciad wedi ei harwyddo gan fy hen dad-cu, gan Saunders Davies a chan dyst.

Bu'n rhaid inni adnewyddu'r tŷ a adeilade fferm, ac ar ôl symud yma, fe benderfynodd John a minnau agor llyn dan y clos. Pam? Rhyw hiraeth efallai am lyn Blaenplwyf a'r oriau diddiwedd a dreuliais yno pan oeddwn yn blentyn. Mae gwreiddiau wedi bod yn bwysig imi erioed. Gwreiddiau sy'n ein clymu at dir ac at straeon. Mae yna ddywediad arall sy'n dweud mai dau beth sydd eisiau arnom i dyfu, sef gwreiddiau ac adenydd. Mor bwysig yw hi i gael nyth glyd, ond pwysig yw hi hefyd i hedfan a theithio a sylwi.

Mae'r ffaith inni dreulio cymaint o flynyddoedd yn teithio wedi gadael ei ôl, a John a finne wedi dal y chwilen deithio go iawn. A phan gawn gyfle, fe fyddwn yn hoffi teithio er mwyn inni gael gweld gwledydd ac arferion eraill. Y'n ni wedi teithio i India a Nepal, i America a Chanada. A dweud y gwir, fe drefnodd John a minnau drip Canada pan oedd John yn Gadeirydd Cymdeithas Tir Glas y Canolbarth. Trip i ryw 36 o aelodau yn groes o Calgary i Vancouver a dau ddiwrnod o'r daith honno ar drên y Rocky Mountaineer. Fe gafodd y trên ychydig o hoe ar dop y Rocky Mountains gan fod rhywbeth wedi mynd o'i le ar yr injan. Beth arall oedd i'w wneud ond cael cyngerdd? Fe fu canu Cymraeg yn atseinio dros y Rocky Mountains y diwrnod hwnnw, a nifer o'r teithwyr eraill yn cwyno pan aeth y trên yn ei flaen!

Y llynedd fe wnaethon ni ymweld â Myanmar, neu Burma fel yr oedd gynt. Dyma wlad y Bwda. Dyna oedd lle llawn o ryfeddodau, o harddwch syfrdanol i greulondeb torcalonnus. Roedd hi'n hollol amlwg fod llywodraethu gwael yn cadw'r bobol mewn tlodi ac mewn ofn. Un diwrnod fe ddalion fws i lawr o Mandalay i Yangon gyda'r bobl leol; taith o ryw un awr ar ddeg. Roedd yna sgrin fach fideo ar y bws i'n diddanu, ac ar honno, am yr holl oriau, roedd canu gwlad yn cael ei ddangos! Ie, canu gwlad yn yr iaith frodorol! Petaech chi'n troi'r cloc yn ôl ryw ugain mlynedd, dyna yn gwmws oedd y ffasiwn dillad a'r arddull canu.

Fe es un noson hefyd i noson i ddysgu coginio bwyd lleol. Roedd elw'r noson yn mynd tuag at brynu nwyddau ac offer ar gyfer ysgol leol. Roedd adnoddau yn brin ofnadwy yno. Yn wir, roedd gan y pâr a redai'r ysgol goginio sied yng ngwaelod yr ardd a'i llond hi o lyfrau – rhyw lyfrgell answyddogol ar gyfer plant yr ardal. Fe gawson wahoddiad i ddychwelyd ryw ddiwrnod a chael ein bwyd a'n lletry am ddim petaen ni'n fodlon dysgu Saesneg i rai o'r myfyrwyr lleol.

Fe fuon hefyd yn Krakow yng ngwlad Pwyl, ac wrth gwrs, yn Auschwitz. Mis Chwefror oedd hi, a'r eira yn drwch ar lawr a'r tymheredd dan y rhewbwynt. Profiad oer fu hwn ym mhob ystyr, ac roedd gweld y lle hwnnw lle ddioddefodd cymaint yn brofiad ysgytwol.

Ydyn, mae John a minnau wedi teithio tipyn ac mae ambell i le eto ar y rhestr. Ond afraid dweud, mae hi bob tro yn braf cyrraedd adre i Ffosdwn. Does dim ots beth ddwedwch chi, does dim unman yn debyg i gartre!

Epilog

Dwi ddim yn gwybod pryd y daw'r llais i ben. Dwi ddim yn meddwl ei fod yn gorffen gyda'r anadl olaf. Mae lleisiau'r rhai y'n ni wedi eu caru yn dal yn ein pennau flynyddoedd ar ôl iddyn nhw ein gadael. Mae recordio lleisiau yn golygu bod Elvis yn medru canu mewn cyngherddau heddiw, ac artistiaid eraill yn medru canu deuawdau gydag ef. Mae lleisiau a chaneuon yn teithio hefyd, yn cael eu pasio o geg i glust ac o feddwl i feddwl. Gallant deithio ar draws amser, ar draws gwledydd ac i lawr y cenedlaethau.

Erbyn heddiw, mae'r byd cerddorol wedi newid yn gyfan gwbwl. Dyw pobl ddim yn dod at ei gilydd fel roedden nhw mewn cyngherddau. Anaml iawn y cewch chi ddigwyddiad heddiw sy'n denu cynulleidfa o filoedd heblaw bod gennych chi artist rhyngwladol ei statws. Dwi'n falch imi gael y profiad hwnnw. Fe gawson ni hwyl. Roedd yna ryw ymdeimlad o helpu ein gilydd, o gefnogi ein gilydd, o fod yn rhan o rywbeth oedd yn fwy na ni ein hunain. Fues i'n lwcus o weld fy ngherddoriaeth yn symud o EP i LP i dâp, i CD a nawr i ffeiliau digidol. Mae'r cyfrwng yn newid o hyd.

Dwi'n meddwl fod yr albwm wedi gweld dyddiau gwell hefyd, a senglau yn cael mwy o sylw gan fod gwrandawyr yn medru lawrlwytho a gwrando ar ganeuon unigol. Oherwydd hyn mae yna fwy o bwyslais ar lwyddiant caneuon unigol, ac i ryw raddau mae'r busnes wedi mynd yn fwy didrugaredd ac yn fwy cystadleuol oherwydd hynny. Does yna ddim lle i ganeuon sy'n tyfu arnoch ar albyms mwyach. Dim dysgu i garu caneuon, ond rhyw glicio trwy restr o un artist i'r llall heb roi ail gyfle i ganeuon tawelach sy'n medru cael gafael ynddoch chi yn araf bach. Ynysig braidd yw pobol wrth lawrlwytho a gwrando ar eu cerddoriaeth gartref heddiw. Ond rhaid peidio â digalonni. Yn sgil y newidiadau hyn, mae yna gyfleoedd eraill.

Gallwch ddadlau bod y cwmnïau recordio mawr wedi colli eu pŵer a'u gafael ar y diwydiant. A chyda'r cyfryngau cymdeithasol a theclynnau recordio rhad, gall unrhyw un recordio'i ganeuon yn ei stafell wely. Dwi'n meddwl hefyd fod yna amrywiaeth arbennig mewn artistiaid erbyn heddiw; mwy o amrywiaeth o lawer nag oedd yn fy nghyfnod innau. Ac mae hynny'n beth da. Dwi ddim yn meddwl y byddai rhywun yn gofyn i artist newid ei enw neu ei ddelwedd heddiw. Gan fod artistiaid yn medru cyfathrebu mor hawdd ag artistiaid eraill, mae cydweithio ar draws gwledydd a chyfandiroedd yn bosib ar glic botwm. Dyma amser cyffrous!

Diolch hoffwn i ei wneud, am imi gael y gitâr yna'n anrheg yn bymtheg oed. Fe fyddai fy mywyd wedi bod yn llawer tlotach hebddi. Mae hi wedi fy ngalluogi i bortreadu fy nghynefin, ac i deithio i bob cwr o Gymru a thu hwnt. Fe'm cysylltodd â chynulleidfaoedd cynnes a chroesawgar. Mae hi wedi fy ngalluogi i wneud ffrindiau arbennig ac i ddatblygu crefft. Mae hi wedi bod yn gwmni. Yn fwy na hyn oll efallai, mae hi wedi rhoi oriau o bleser i mi.

Fe fu gen i fwriad unwaith i ehangu fy llais ychydig. Ac i'r diben hwnnw, fe ddechreuais dderbyn hyfforddiant gan yr athro lleisiol Gerald Davies yn Ffos-y-ffin. Nid fy mod i am droi at ganu mwy clasurol ond fe ddysgais ddarnau allan o 'Madam Butterfly' ac yn y blaen. Dadl Gerald oedd, os fedrwn i ganu pethe fel hynny, y medrwn i ganu unrhyw beth. Ond er fy mod yn medru eu canu, doeddwn i ddim yn teimlo fel fi pan oeddwn i'n gwneud hynny. Yn union yr un peth â'r ferch ysgol honno oedd yn pallu'n deg â chanu 'run fath â phawb arall yn yr eisteddfod, a'r ferch bymtheg oed yna oedd yn pallu â chanu *covers* o ganeuon pobl eraill, allwn i ddim â pheidio â bod yn fi. Efallai fod y duedd yma wedi fy nal yn ôl mewn rhai cylchoedd, ond dwi ddim yn credu. Mae bod yn driw i chi'ch hunan mor bwysig. Mae delwedd yn bwysig iawn, medden nhw, rhai'n fodlon newid eu henwau. Allwn ni ddim newid fy enw, mwy na allwn i fyw dau fywyd na gwneud fel oedd eraill eisiau imi wneud. Dyw hynny ddim yn fy natur am fy mod yn gwybod pwy ydw i. Ac am fy mod, diolch byth, yn gwbl hapus yn fy nghroen fy hun.

Mae yna hen ddywediad sy'n mynnu fod aderyn yn canu, nid oherwydd bod ganddo gwestiynau nac atebion, ond am fod ganddo fe gân. Am ei fod yn naturiol iddo fwrw ei lais i'r bore. Dyna y'n ni i gyd yn ei wneud yn y bôn, yn y gobaith y gwnaiff rhywun ein clywed. Yn y gobaith y gwnawn gyffwrdd â rhywun. Wedi'r cyfan, mae ganddon ni i gyd lais, a phob un llais yn unigryw. Oni fyddai'n drueni peidio â'i ddefnyddio?

Cyfrolau eraill sy'n dwyn atgofion drwy ganeuon:

LINDA GRIFFITHS

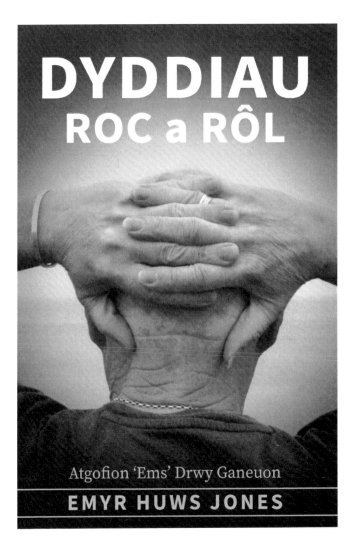

Atgofion 'Ems' Drwy Ganeuon

EMYR HUWS JONES

EMYR HUWS JONES